Pablo Jiménez Serrano

TEORÍA DEL DERECHO

Contribución al Pensamiento Jurídico Contemporáneo

Jurismestre

FICHA CATALOGRÁFICA
Bibliotecaria: Alice Tacão Wagner - CRB 7/RJ 4316

S487t
Serrano, Pablo Jiménez.
Teoría del derecho: contribución al pensamiento jurídico contemporáneo. [libro electrónico] / Pablo Jiménez Serrano. – Río de Janeiro: Jurismestre, 2015.

202 p. : Il.

ISBN 978-85-69257-01-1

1. Derecho. 2. Pensamiento jurídico. I. Título.

CDD – 340

***Editorial y Acabamiento*:**
Editora Jurismestre – Rua H, n. 173
Fone: (24) 99905-8200 – 27251-223 – Volta Redonda, RJ.
www.jurismestre.com.br
contato@jurismestre.com.br

A mi padre ALFREDO y a mi madre,
CRISTINA,
Por el afecto y cariño.

A mis hijos,
Tesoros y presentes de Dios.

Pablo Jiménez Serrano
Vida y Obra

Nació en Santiago de Cuba, Cuba. Concluyó estudios de Técnico en Derecho Aduanero en la Habana (julio de 1978). Inició estudios de Licenciatura en Derecho en la Facultad de Derecho en la Universidad de la Habana (agosto de 1978). Se formo en Derecho en la Universidad de Oriente, en Santiago de Cuba, Cuba (junio de 1983). Cursó estudios Avanzados de Entrenamiento en "Derecho Civil" en la República de Ucrania (septiembre de 1987 - julio de 1989). De regreso a Cuba, cursó el Programa de Doctorado de la Facultad de Derecho de la Universidad de Alicante, en Valencia, España: "Metodología, Fuentes e Instituciones Jurídicas" (junio de 1995 - julio de 1996). Cursó el Programa de Doctorado en Derecho en la Facultad de Derecho de la Universidad de Oriente, Cuba (agosto de 1991 - junio de 1996). Título Reconocido (REVALIDADO) por El Consejo de Post-Graduación de la Universidad de San Paulo – USP. Trabajó como profesor, conferencista, escritor e investigador en diversas universidades cubanas y brasileñas. Actualmente es profesor del Programa de Maestría en Derecho (*stricto sensu*) del Centro Universitario Salesiano de San Paulo – UNISAL. Profesor e investigador del Centro Universitario de Volta Redonda, UniFOA. Publicó más de 20 obras sobre Ciencia, Filosofía, Metodología y Derecho, editadas por las Editoras Julgar (1999 - 2000), LEUD (2002), Desafío Cultural (2002), Manole (2003), Catálise (2004), Forense (2006), Alínea (2007-2014) y Jurismestre (2015-). Algunos libros de Pablo Jiménez fueron publicados en español, otros en portugués.

SUMARIO

PREFACIO

Entre los diversos significados de la palabra Derecho, enseña NORBERTO BOBBIO en su conocido Diccionario de Política, el más estrechamente ligado a la teoría del Estado o de la política, es el de Derecho como ordenamiento normativo. Ese significado ocurre en expresiones como "Derecho positivo italiano" y abarca el conjunto de normas de conducta y de organización, constituyendo una unidad y teniendo por contenido la regulación de las relaciones fundamentales para la convivencia y sobrevivencia del grupo social, tales como las relaciones familiares, las relaciones económicas, las relaciones superiores de poder, también llamadas de relaciones políticas, e, igualmente, la regulación de los modos y formas por medio de las cuales el grupo social reacciona a la violación de las normas de primer grado o la institucionalización de la sanción. Esas normas tienen como objetivo mínimo el impedimento de acciones que puedan llevar a la destrucción de la sociedad, la solución de conflictos que la amenazan y que tornarían imposible la propia sobrevivencia del grupo si no fueran resueltos, teniendo también como objetivo la consecución y la preservación del orden y de la paz social". Recuerda el conocido autor que "si unimos a esto, como enseña la tendencia principal de la Teoría del Derecho, que el carácter específico del ordenamiento normativo del Derecho en relación a las otras formas de ordenamientos normativos, tales como la moral social, costumbres, juegos, deportes y otros, consiste en el de que el Derecho recorre, en última instancia, a la fuerza física para obtener el respeto de las normas, para tornar eficaz, como se dice, el ordenamiento en su conjunto, la conexión entre Derecho entendido como ordenamiento normativo coactivo y política se torna tan estrecha, que lleva a considerar el Derecho como el principal instrumento por medio del cual las fuerzas políticas, que tienen el poder dominante en una determinada sociedad, ejercen el propio dominio. De esta relación se tornó conciente la filosofía política y jurídica que acompaña el nacimiento del Estado moderno, que interpreta y refleja el espíritu".

Así, en el momento actual en que vivimos y en absoluta conexión con la realidad brasileña, la obra **TEORÍA DEL DERECHO** del **Prof. Dr. Pablo Jiménez Serrano,** posibilita al lector por medio de una efectiva contribución al pensamiento jurídico contemporáneo, adquirir relevantes informaciones destinadas a Asimilar la adecuada defensa de los Derechos humanos.

Bien elaborada, la obra se estructura a partir de una definición de la Teoría General del Derecho y su correlación con la Filosofía del Derecho (tema que el Prof. Dr. Pablo desarrolla muy bien en su obra **CURSO DE FILOSOFÍA JURÍDICA** de la misma Editora del presente libro) indicando el Concepto sociológico del Derecho, las Fuentes del Derecho, Estructuras, Funciones y Sentidos del Derecho para, finalmente, desarrollar una Teoría de los Derechos Humanos y Fundamentales.

Se trata, por vía de consecuencia de relevante obra académica, alineadas a las expectativas del lector de cara a la necesaria análisis de una definición de la Teoría General del Derecho y su correlación con la Filosofía del Derecho y que en muy buen momento la EDITORA JURISMESTRE ofrece al lector para que pueda tomar determinadas posturas de cuño analítico durante la lectura del libro.

Lisboa, febrero de 2017.

Prof. Dr. Celso Antonio Pacheco Fiorillo

Es el primer profesor Libre-Docente en Derecho Ambiental del Brasil bien como Doctor y Master en Derecho de las Relaciones Sociales (por la PUC/SP). Miembro colaborador del Grupo de Investigación Reconocido IUDICIUM: Grupo de Estudios Procesales de la Universidad de Salamanca (ESPAÑA) y Director Académico del Congreso de Derecho Ambiental Contemporáneo España/Brasil-Universidad de Salamanca (ESPAÑA). Profesor convidado visitante de la Escuela Superior de Tecnología del Instituto Politécnico de Tomar (PORTUGAL) y Profesor Visitante/Investigador de la Facolta la di Giurisprudenza della Seconda Universita la Degli Studi di Napoli (ITALIA).

INTRODUCCIÓN

La pregunta "*¿qué es el Derecho?*" siempre fue el centro de discusión de las doctrinas iusfilosóficas históricas y modernas. Es que, debido a su relevancia teórica y práctica, esa cuestión pasó a ser, podemos decir, el aspecto central de la epistemología jurídica.

La noción, la estructura, el sentido y la función del Derecho todavía despiertan interés en las teorías contemporáneas. Se sabe que el Derecho como parte de la vida es inseparable y necesario para la convivencia social y que su presencia es inevitable cuando se violan o se colocan en conflicto los derechos y valores que inspiran una determinada sociedad.

Mas, la teoría, fundamentalmente, de las últimas décadas, se han ocupado de cuestiones que relacionada al concepto y a la estructura de esta área, colocándose, así, en primer plano, la comprensión positivista y normativa y no la función del Derecho.

Se trata de dos perspectivas, la conceptual y la estructural que no podemos negar, son de extrema importancia para el estudioso, pues por medio de ellas podemos entender el significado de las relaciones y de los conflictos regulados por las normas jurídicas.

Más allá del concepto y de la estructura del Derecho, en la presente obra decidimos privilegiar el estudio de otros importantes asuntos relacionados, por ejemplo, a la significación (*¿qué es el Derecho?*), a las fuentes (*¿cuál es el origen del Derecho?)*, a la estructura (*¿cómo es constituido el Derecho?)*, al sentido (*¿cuál es la orientación del Derecho?)* y a la función (*¿cuál es la utilidad del Derecho?*) del Derecho.

En la presente obra discutimos, pues, la complejidad de las definiciones históricas y contemporáneas que resultan de las diversas posturas relativistas y reduccionistas conocidas, destacando, así, las diferentes orientaciones metodológicas propuestas por las diversas concepciones del Derecho.

Proponemos, por tanto, un abordaje moderno, una concepción insurgente que auxiliará al lector en la investigación y en la adaptación de los viejos conceptos jurídicos a las nuevas realidades y necesidades normativas. Es, con base en las diversas doctrinas jurídicas que, seguidamente, discutiremos el Concepto del Derecho Moderno.

Las inumerables lecturas sobre el tema nos ayudaron en la caracterización de las principales orientaciones y sentidos del Derecho, estudio que nos autoriza a introducir la perspectiva funcionalista de esa importante área en las sociedades modernas, procurando, con eso, contribuir para una mejor docencia, investigación, interpretación e integración del Derecho.

En resumen, la obra, que ahora colocamos en sus manos, puede ser considerada una contribución para la moderna significación del Derecho a la luz de los constantes alargamientos de su concepto, de cara a la concretización de la Justicia y la Ciudadanía.

Me gustaría agradecer a todos los colegas y alumnos que me incentivaron en la idealización y elaboración de esta obra.

¡A todos muchas gracias y óptima lectura!

CAPÍTULO 1
TEORÍA GENERAL DEL DERECHO

En este primer capítulo consideramos oportuno presentar una introducción a la Teoría del Derecho, procurando, así, destacar la importancia teórica y práctica de la materia; distinguir y, al mismo tiempo, correlacionar la Teoría con la Filosofía del Derecho.

1.1 Definición de la Teoría del Derecho

Generalmente se define la Teoría del Derecho como una "asignatura que estudia el Derecho en general" (ROBLES, 2005, p. 45). Podríamos, así, afirmar que la Teoría del Derecho reúne las principales tesis jurídicas que promueven inumerables discusiones y que procuran explicar el significado, la estructura, el sentido y la función del Derecho.

Pero *¿qué es una teoría?*

Una teoría, explica Popper (1993. p. 15, 23 e 61), puede ser vista como una red, lanzada para capturar aquello que denominamos "mundo": para racionalizarlo, explicarlo y dominarlo.

No hay ciencia sin teorías. Así, en cada área del saber humano, encontramos formas de explicar un objeto concreto: los problemas teóricos o prácticos. De esa forma, para comprender el valor y la aplicabilidad de una teoría en el contexto moderno, importa estudiar su contenido histórico, su origen (sus bases epistemológicas) y sus métodos.

Pues bien, cada teoría se debruza sobre lo que llamaremos de "mundos": empírico-material o intelectivo-ideal. Ellas, las teorías, se asientan en los conceptos que son sus valiosos recursos metodológicos. Esos conceptos se consolidan por medio de espinosos procesos de racionalización, discusión y de convencionalismos. Luego, cuando son aceptas, las teorías se transforman en referencias dando lugar a modelos teóricos que orientan los procesos de explicación, interpretación y aplicación del propio Derecho. Igualmente, los modelos teóricos inspiran y definen las posturas de los juristas.

Las teorías jurídicas, específicamente, tienen como propósito la significación y la correlación de los constructos jurídicos con relación a una determinada realidad, realidad jurídica que, como se sabe, es diferente de las realidades de las otras ciencias: naturales y sociales. Así, el sentido descriptivo de la Teoría del Derecho está en identificar las características esenciales de las diferentes y posibles definiciones del Derecho. Basta, ahora, afirmar que toda definición es necesaria en algún sentido, pues la significación de cada concepto resulta del enfrentamiento de sus diferencias y semejanzas con los otros conceptos.

La existencia de teorías jurídicas no se fundamenta en la existencia natural de las cosas o relaciones como datos o fenómenos naturales. La existencia del aire, de los océanos y de la gravedad, por ejemplo, se da independientemente de las creencias y de la conducta de las personas, ya la contaminación y la agresión a la naturaleza están dialécticamente relacionadas a la conducta del ser humano, a su conciencia. Luego, importan las reglas, así como también importa la orientación funcional de esas reglas sociales, jurídicas y morales. Las teorías, al explicar tal dialecticidad, desempeñan un importante papel.

Ciertamente, ellas no son valoradas con base únicamente en un criterio de verdad, mas, de oportunidad, pues, muchas veces, no guardan relación con los hechos (u objetos) concretos, al contrario, ellas se usan, mayormente, de conceptos abstractos. Tampoco se auxilian de proposiciones descriptivas o explicativas, pero también, valorativas y prescriptivas.

Decimos entonces que las teorías jurídicas no implican verdades, al contrario, ellas son sometidas a constantemente críticas, siendo que la actualización y la reformulación de las mismas son consecuencia del progreso del pensamiento jurídico histórico y contemporáneo. Es que, en el Derecho, las teóricas se suceden perfectamente. Al respeto de eso, se deberá considerar que muchos conceptos jurídicos creados en un determinado momento histórico aún vigoran; otros, al contrario, entrando en desacuerdo con las nuevas realidades y circunstancias (histórica, política, social o económico) procuran ser adaptados o reformulados.

Hechas las anteriores observaciones, podemos afirmar que las teorías jurídicas deben ser consideradas oportunas o inoportunas y nunca verdaderas o falsas. Ellas procuran ser adaptadas a una realidad. En este sentido, los juristas, procurando abarcar las nuevas realidades, se empeñan en alargar y reconstruir los conceptos jurídicos al solucionar las disputas o conflictos.

Justamente por eso, los conceptos y sus definiciones también se someten a nuevos y rigurosos tratamientos teóricos. Vemos por ejemplos: como los institutos tradicionales tales como "familia", "contrato" y "matrimonio", hoy adquieren nuevos significados y sentidos.

En efecto, por momento se acredita que la lectura estrecha (y tradicional) de algunos conceptos no satisfacen las exigencias prácticas impuestas al Derecho moderno. En conformidad con eso, nuevas concepciones se suceden a nuevos derechos y conflictos, surgiendo, con eso, nuevos paradigmas y modelos jurídicos.

Si observamos el Derecho como un sistema teórico (sistema de conceptos) por medio del cual se simbolizan y relacionan los fenómenos jurídicos, debemos considerar la relevancia e importancia de sus teorías. Es, pues, el Derecho un conjunto de *teorías* y *prácticas* por medio de las cuales podemos describir y prescribir la conducta humana, abordando, así, los problemas que de esa conducta se derivan. No está demás afirmar que el papel de las teorías jurídicas consista en indicar los caminos metodológicos propios de los modelos conceptuales del Derecho.

En conformidad con eso, las teorías jurídicas tienen una importante función metodológica orientadora del desarrollo de investigaciones y de la elaboración de nuevos conocimientos jurídicos. En ese sentido, enseña Karl Larenz (1983), toda y cualquier Metodología del Derecho se funda en una Teoría del Derecho, o cuando menos la implica. Filosofía, Metodología y Teoría del Derecho colocan en función la dogmática, la zetética y la crítica jurídica facilitando, así, el uso y la aplicación práctica de sus métodos.

Una teoría jurídica puede ser así, caracterizada como un conjunto de concepciones acerca de lo que consideramos ser el Derecho. Ella, generalmente, se funda en proposiciones puramente racionales que ni siempre tienen un fundamento empírico, pero, que procuran servir de crítica, sustentada en las concepciones históricas que nortean el Derecho como área del saber humano.

Las teorías jurídicas, como formas objetivadas del conocimiento jurídico, resultan del abordaje de los diferentes problemas captados en la relación hecho (o evento) jurídico – situación jurídica – normas jurídicas, por eso ellas son consideradas parte resultante de la observación del vínculo que existe entre las dimensiones factual, normativa e histórico-valorativa.

Al destacar el papel de la dimensión histórico-valorativa estudios jurídicos son desarrollados con el objetivo de fundamentar o criticar tesis, nociones y acepciones jurídicas. De hecho, independientemente de su significado ideológico y de su valor científico, cada teoría jurídica nos permite abordar y resolver el conjunto de problemas que se presentan en esta importante área del saber humano.

En resumen, podemos decir que algunas teorías jurídicas pueden no contar necesariamente un referencial empírico, mas ellas nos dan una noción acerca del concepto, de la estructura, de la función y del sentido del "Derecho".

1.2 La Teoría del Derecho como asignatura jurídica

Abordamos, en la sección anterior, la importancia de las teorías jurídicas conviene, ahora, caracterizar la ciencia que engloba tales teorías, esto es, la Teoría del Derecho como asignatura o materia jurídica.

Como asignatura la Teoría del Derecho tiene un extraordinario valor, por permitir a los estudiosos la comprensión y el uso de las diferentes concepciones en el proceso de resolución de los problemas jurídicos.

En nuestra opinión, consideramos importante esta materia del derecho no solamente desde el punto de vista teórico, también práctico, pues una buena teoría puede orientar una buena práctica. Así, desde el punto de vista práctico, una teoría funciona como orientación del profesional del Derecho. El juez, el abogado, el fiscal, etc. fundamentan y sostienen sus ideas, tesis y conclusiones con el auxilio de las teorías o modelos teóricos. Luego, sin teorías no podemos justificar una decisión, pues ellas, las teorías, son el sustrato de nuestros argumentos.

Concluimos que la Teoría del Derecho es de suma importancia para legislar, interpretar, argumentar y aplicar el Derecho: para el juez que interviene en el proceso de interpretación y de aplicación normativa, para el creador de la norma (legislador) que, en el proceso de elaboración de los proyectos de leyes se auxilia de ese sustrato teórico y, en fin, para el profesor/investigar que, en su importante tarea de enseñar, o durante el delineamiento de los proyectos de investigación, también se inspiran en teorías.

1.2.1 Correlación entre la Teoría del Derecho y la Filosofía Jurídica

La idea de que existe una correlación entre la Teoría del Derecho y la Filosofía Jurídica se fundamenta en la constatación de que los trabajos teóricos más relevantes en el área jurídica fueron escritos por juristas que eran también filósofos del Derecho. No podría ser diferente, pues la iusfilosofía se constituye en base de cualquier teorización jurídica. La Filosofía es una materia inseparable de la teorización jurídica.

Es preciso destacar que la Filosofía Jurídica nos ofrece un mapa de las escuelas y modelos jurídicos. Así, la Filosofía prepara la comprensión del origen y de los fundamentos de las teorías, colocando en destaque las razones epistemológicas y los problemas de las principales tesis, concepciones y argumentos jurídicos.

Podemos, ciertamente, afirmar que no hay teorías sin filosofías, pues las segundas establecen el marco epistemológico para la comprensión de las primeras. Se entiende, así, la Filosofía y, más específicamente, la Filosofía del Derecho como una materia amplia que alberga variadas concepciones teóricas y iusfilosóficas que fueron o son útiles en contextos históricos y sociales diferentes.

En este sentido, por tratarse de diversas construcciones teóricas idealizadas, por ejemplo, moralistas, legalistas, fenomenalitas, pos-positivistas y humanistas, etc., indicamos la utilidad de la Filosofía en aras de la comprensión de los conceptos, estructuras y finalidades del Derecho.

1.2.2 Importancia teórica y práctica de la Teoría del Derecho

Con efecto, la Teoría del Derecho coloca en debate las perspectivas de las diversas concepciones conocidas, por ejemplo, la *analítica* (teorías *analíticas* que discuten la naturaleza de los conceptos jurídicos), la *histórico-sociológica* (teorías preocupadas con las razones y los efectos de las normas jurídicas), la *crítica* (que indagan acerca de la perspectiva y del perfeccionamiento del Derecho). Vemos, así, que la necesidad de una Teoría del Derecho surge, por un lado, de la enseñanza del Derecho y, por otro, de la investigación y de la práctica jurídica.

Desde el punto de vista analítico, enseña Raz, la formulación de las tareas de una teoría jurídica presupone que es posible saber cuál es la descripción completa de un sistema jurídico y, aún sin saber cuál de sus descripciones es apropiada. Para el citado autor, la cuestión crucial es saber exactamente cuáles son los principios que están por detrás de la división dogmática del Derecho. De esa manera, es posible conocer el contenido de un sistema jurídico aun sin saber la identidad de cualquiera de sus disposiciones jurídicas. Esto es presupuesto por Kelsen cuando dice: la tarea de la Ciencia del Derecho es representar el Derecho de una comunidad, esto es, el material producido por la autoridad jurídica mediante el procedimiento jurídico de la creación en forma de enunciado. (RAZ, 1986, p. 97)

Generalmente, tales concepciones, así como veremos, se preocupan con cuestiones concernientes al tratamiento metodológico de los problemas jurídicos. En su dimensión teórica y también práctica, cada teoría realza una postura metodológica que sirve de orientación a los argumentos, a la investigación y a la resolución de problemas jurídicos.

Así, por ejemplo, la escuela positivista, que define el Derecho como conjunto de normas puestas por el Estado, creen en la inexistencia de un objeto que no sea el ordenamiento normativo. Por otro lado, quien cree que el Derecho es un mero instrumento de realización de la justicia coloca en destaque otros aspectos valorativos que se consideran ligados a la norma puesta, concordando, también, que tal conexión define la finalidad del Derecho.

Bien, quien cree que el Derecho es una institución social atribuye mayor importancia a las teorías sociológicas y fenomenológicas, o tal vez a las investigaciones empírico-sociológicas, mas, quien considera que el Derecho es un conjunto de prácticas, le da valor a su sentido tecnológico.

En verdad, todas esas concepciones, vistas separadamente, acaban por fragmentar el Derecho, negándole su cientificidad, utilidad y sentido. Veremos en los próximos capítulos que una buena teoría nos comunica un modo de proceder y de trabajar con el Derecho, y así, orienta como enseñarlo, interpretarlo y aplicarlo a partir de su orientación integral. Es discutible, pues, la utilidad de las teorías que, mayormente, se apoyan en una construcción analítica, sin darle importancia al sentido y a la finalidad del Derecho.

En suma, la manera como concebimos y definimos el Derecho define también la postura que asumimos como investigadores y juristas prácticos. Tal es el valor de las teorías, que nos proponen los conceptos que facilitan la comprensión del mundo. Esa, en verdad, es una constante preocupación del jurista teórico, mas ni siempre del jurista práctico (tecnólogo, empirista y anti-intelectualista).

Todo jurista, al trabajar con teorías, procura explicar o comprender cierta realidad, campos o dimensiones del Derecho. Así, consideramos que toda Teoría del Derecho ha de tener como propósito el estudio de los siguientes problemas: la significación, las fuentes, la estructura, el sentido y la función del Derecho; problemas que, a seguir, nos proponemos abordar.

CAPÍTULO 2
EL CONCEPTO DEL DERECHO

En este capítulo nos ocupamos con el estudio de las diferentes formas de significar el Derecho. Procuramos, de esta forma, caracterizar las diferentes maneras de definir el Derecho con base en las diversas orientaciones y escuelas jurídicas conocidas para, finalmente, contribuir con una significación moderna, capaz de aprender el objeto de estudio de esta importante área del saber humano. Así, en las próximas líneas pretendemos responder a la siguiente cuestión: *¿qué es el Derecho?*

2.1 El concepto de Derecho

Uno de los problemas claves de la Teoría del Derecho, establecido, fundamentalmente, a partir de las perspectivas semántica y analítica, es el "Concepto del Derecho", esto es, la idea, el significado o la definición de lo que debemos entender por Derecho.

Ciertamente, la palabra "Derecho", que se sabe ambigua, es usada, con mucha frecuencia, con sentidos diferentes, como "ciencia" o como "norma". En la presente obra, pretendiendo superar esa ambigüedad, usaremos a palabra "<u>Derecho</u>" para denotar la "Ciencia del Derecho" y "<u>derecho</u>" para designar el conjunto de normas, esto es, el "Orden Normativo" que, en la concepción positivista constituye su objeto.

Pero, "¿qué es el Derecho?".

Definir el Derecho es, sin dudas, uno de los grandes desafíos que enfrentan los juristas históricos y modernos. Ciertamente, es la propia complejidad de su objeto el motivo por el cual todavía no se ha encontrado una definición única. Al respecto de la falta de una definición uniforme, Vilanueva (1947, p. 1) creía en las siguientes causas: a) la complejidad del objeto jurídico; b) los presupuestos filosóficos que sirven de base a las definiciones; c) los puntos de vista mediante los cuales se considera el Derecho, como forma, como contenido o como valor.

De cualquier manera, los diferentes autores se empeñan en definir el Derecho procurando formas original e innovadora. Carlos Santiago Nino (1991, p. 1), por ejemplo, considera que el Derecho forma parte de la vida, acompaña al hombre y, por tanto, como el aire, está en todo y cualquier lugar ("*El derecho, como el aire, está en todas partes*").

Efectivamente, el Derecho está en todas partes, pues donde está la sociedad está el derecho. Sin embargo, no podemos negar que existen inumerables formas de definirlo y estas formas varían de acuerdo con la concepción (postura) asumida por el jurista, a saber: *sociológica, moralista, historicista, positivista,* etc.

2.2 Concepto sociológico del Derecho

La primera concepción, la sociológica, considera el Derecho como una forma de vida social. Así, el concepto de "Derecho" tendría la influencia de los usos sociales dotados de normatividad jurídica. En ese sentido, todo lo que es social se puede tornar jurídico.

Tal concepción, por tanto, atribuye al Derecho una inspiración empírico-realista. El Derecho, se deriva de las regularidades de la conducta y más específicamente, de las relaciones sociales. Se considera, así, a la organización social como un criterio fundamental para distinguir una sociedad jurídica de una sociedad no jurídica: doctrinas del Derecho Social.

Por ese camino, la estructura del Derecho estaría fatalmente comprometida y definida por los fenómenos: acontecimientos y conducta humana. Esta estructura se transforma en una cuestión de decisión porque existe necesidad de legislar en función de la conveniencia social. Así, la práctica jurídica se resume al uso de tales instrumentos en el proceso de resolución de conflictos.

Sociológicas son las doctrinas cuyo desarrollo tiene como punto de partida las sociedades y como punto de llegada al individuo. En fin, sociológicas son todas las doctrinas que conciben el hombre como un ser social, exactamente por estar sometido a una regla social que le impone obligaciones con relación a los demás hombres y cuyos derechos se derivan de las mismas obligaciones, esto es, de los poderes que son poseídos para realizar libre y plenamente sus deberes sociales. Como afirma Duguit (2006, p. 19), la doctrina denominada "Derecho social" debería ser llamada de "doctrina socialista, en oposición a la doctrina individualista.

Con base en esas doctrinas, los juristas hacen del Derecho una ciencia empírica, parecida a la Sociología o a la Psicología (FERRAZ, 1980, p. 13-14), pasando a ser concebido el Derecho como una mera técnica de resolución de conflictos de intereses.

Decimos, entonces, que se trata de una concepción antimetafísica por medio de la cual se significa el Derecho partiendo de hechos empíricos estrictos, haciendo de él una simple expresión de deber. Como consecuencia de eso, "las afirmaciones referentes a la existencia de derechos y deberes en ciertas situaciones factuales" (OLIVECRONA, 2005, p. 20).

El Derecho, así entendido por Max Weber (2011, p. 24-25, 48), por ejemplo, "es simplemente un 'sistema de orden' que incluye las garantías específicas de la probabilidad de su validez empírica. Desde el punto de vista jurídico, el mismo autor sostiene, que el Derecho moderno consiste en 'proposiciones jurídicas', o sea, normas abstractas cuyo contenido afirma que cierta situación factual debe tener ciertas consecuencias legales". Se concluye, así, que "las regularidades factuales *de* conducta ('usos'), pueden convertirse en una fuente de reglas *para* la conducta".

Igualmente, el punto de vista jurídico-dogmático tiene como objetivo descubrir el significado correcto de las proposiciones, el contenido que constituye un orden supuestamente determinante en la conducta de un grupo de personas, o sea, intentar definir los hechos a los cuales este orden se aplica y la forma por la cual ella se sostiene. Por esa razón, el jurista, aceptando la validez empírica de las proposiciones legales, examina cada una de ellas y trata de determinar su significado lógicamente correcto (WEBER, 2011, p. 24).

Presumido el Derecho como parte de la Sociología, él, también, tendría como objeto de estudio fundamental el comportamiento humano, la conducta social, que se expresa por medio de relaciones de causa y efecto. El jurista, así, debería de preocuparse con la investigación de los hechos sociales subyacentes y constitutivos de sus bases: objeto. Según ese punto de vista, por ejemplo,

> El intercambio de mercancía significa: la transferencia de un objeto, como a un acuerdo establecido entre dos personas, y esto presupone que esa transferencia sea basada en un objetivo, que incluya la entrega de otro objeto por otra persona (WEBER, 2011, p. 42, 47)[1].

Ponte de Miranda (1972, p. 26, 27, 29, 40 e 41) considera que también la relación jurídica tiene un carácter social. Las relaciones jurídicas, afirma el citado autor,

---

[1] La sociología es una disciplina que busca regularidad y tipos empíricos. Tiene interés especial en las garantías legales y en los conceptos normativos de los cuales dependen y que consideran como responsables por su creación, interpretación y aplicación. Sus intereses serán considerados consecuencias y, además, como causas o causas concomitantes de ciertas regularidades.

pueden llegar a existir sin que de ellas tengan consciencia las personas entre las cuales se establecen. Como a la visión sociológica del autor es de relaciones y no de normas, que se constituye la materia social, donde el orden social se establece. Las relaciones sociales mantienen una continuidad causal, siendo las instituciones sus efectos formales. Por ejemplo, en las relaciones de compra y venta, permuta, herencia, etc., están presentes las condiciones económicas, psicológicas, morales, políticas, etc.; es en esas relaciones donde deben ser procuradas la génesis y la evolución de los fenómenos jurídicos y no en las instituciones propiamente dichas.

De acuerdo con el citado autor, el mismo texto de ley, puede tener sentidos diferentes en dos o tres períodos de vigencia, mas, podemos conocer su sentido, porque es solamente en las relaciones sociales que se encuentran y pueden ser indicadas las normas que las regulan. Puede haber continuidad formal entre las sucesivas expresiones de la propiedad, de la familia, etc.; mas, sociológicamente (y es esto lo que interesa a la Ciencia del Derecho), lo que se debe estudiar es la continuidad sustancial, y no sólo aparente, que consiste en la indagación de las sucesiones de los hechos sociales, o, mejor, de las relaciones, que son los verdaderos fenómenos de la vida en común y, para decir todo en pocas palabras, de la materia social. Y, así, concluye el autor, los estudios jurídicos, como en todas las ciencias sociales, solamente pueden desenvolverse en las relaciones sociales, que nos dan las naturalezas económicas, morales, jurídicas, etc.

Carlos Cosio (*apud*, DINIZ, 1999, p. 135), fundador de la Escuela Egológica considera que, en el Derecho, fundamentalmente, ha de ser estudiada la conducta humana, enfocada en su dimensión social, y no la norma jurídica. De acuerdo con su Teoría Egológica, el autor considera la conducta humana como el sustrato del Derecho. La *conducta es, pues, el Derecho* en tanto que es el objeto cuyo conocimiento formula el jurista al comprender su sentido. Al ser considerada la "experiencia jurídica" (la experiencia humana, conducta) como un dato elementar de la Ciencia del Derecho, seguidores de Cosio se preocuparon en investigar la estructura de esa conducta, considerándose, así, el Derecho como un objeto cultural, compuesto de un sustrato que es la conducta en interferencia intersubjetiva, y de un sentido, que es el deber de realizar un valor.

Desde ese punto de vista, la Teoría Egológica trataría de estudiar el Derecho como una específica experiencia: el Derecho es un objeto cultural cuyo conocimiento requiere de una comprensión y de un pensamiento normativo.

Uno de sus comentadores, Manuel Rico Lara[2], afirma que la teoría egológica del Derecho - que fue iniciada, profundada y difundida en amplísima bibliografía por el jurista Carlos Cosio - ataca el racionalismo, que idealiza el objeto del Derecho. La teoría egológica se remite al empirismo jurídico, que, diferentemente del natural (neutro e indiferente al valor), atrae de esa forma criterios axiológicos ensamblados en la conducta. En efecto, la conducta sin valor, ontológicamente no puede ser; y no puede ser, porque el sustrato de los valores es la libertad. Los valores no son ideas platónicas, pero categorías materiales de la existencia humana. De esta forma, si los positivistas sitúan el objeto del Derecho en la norma, Cosio los pone como objeto de la norma, la conducta, en interferencia intersubjetiva, de la que la norma es mera representación intelectual.

El referido profesor argentino distingue, igualmente, la egología jurídica del Derecho natural. Es que, según la escuela tradicional del Derecho natural, existe una Ley eterna que está impresa en el corazón del hombre como ley natural, de la cual no resulta propiamente un acto contrastable por la experiencia, por tener más bien un carácter metafísico y transcendental. Es interesante notar que el egologismo nos proporciona una respuesta o referencia ontológica, perceptible: "la justicia está en el ser del hombre", mas no como un predicado del ser (tomismo), mas como "una forma de posibilitar la proyección de los sentidos jurídicos", lo que significa decir que la justicia, de cierta forma, incluye la injusticia, pues si aquella es la mejor posibilidad infraestructural del entendimiento societario contenida en una situación. En ese sentido, la justicia está ontológicamente ligada al Derecho como el sentido que totaliza todos los posibles sentidos de la correspondiente conducta afirmándolos o negándolos. Esa conducta, según la tesis egológica, no tiene por qué perder su sentido jurídico. En suma, Cosio explica que la teoría egológica rechaza el Derecho Natural porque este no presenta una base ontológica para sostenerse. La concepción de la escuela del Derecho natural es, por tanto, teológica, metafísica y no ontológica. En suma, cuando el egologismo da su definición óntica del Derecho, afirma que es la conducta humana en su interferencia intersubjetiva, la que nos permite penetrar el sentido axiológico del dato, yendo de ese sustrato al sentido y viceversa, queda, así, consumado el proceso de comprensión jurídica.

---

[2] RICO LARA, Manuel. *La Teoría Egológica del Derecho* (I). España: Sevilla, Boletín núm. 1578, p. 125

Otro importante sociólogo, Niklas Luhmann (1983, p. 121-123), define el Derecho como estructura de un sistema social que se basa en la generalización congruente de expectativas comportamentales normativas. La fijación conceptual bloquea el acceso al hecho de que la formación del Derecho es una conquista evolutiva, y de que el Derecho se diferenció de acuerdo con su concepto apenas por medio de un largo desarrollo histórico. Con eso retornamos a la muy difundida tesis de que en la historia de la humanidad sería posible encontrar sociedades sin Derechos (o sea, existieron aquellas que no disponían de un aparato estatal impositivo). El desarrollo del Derecho no debe ser comprendido como un salto de la sociedad pre-jurídica a la sociedad del Derecho, y si como una paulatina diferenciación y autonomización funcional del Derecho. El concepto de Derecho del citado autor contiene elementos constantes y variables. Como una constante tenemos la función de la generalización congruente, que tiene que ser de alguna forma complementada en toda y cualquier sociedad humana. Evolutivamente variable, por otro lado, es el grado de diferenciación de los mecanismos del Derecho, y con eso también el grado como es que se forman las estructuras y los procesos correspondientes al concepto del Derecho. De esa forma, concluye el autor, la evolución del Derecho puede ser observada por medio de sus condiciones y la complejidad de la sociedad. En ese sentido, el autor trata el Derecho como estructura de la sociedad, en su evolución y en su configuración actual como Derecho positivo.

El Derecho, según el autor, tiene que ser visto como una estructura cuyos límites y formas de selección son definidos por el sistema social. El Derecho se modifica, por tanto, con la evolución de la complejidad social (LUHMANN, 1983, p. 170).

Se concluye, así, que el Derecho, como forma de vida social, consiste en usos sociales dotados de normatividad jurídica. Es evidente que las normas jurídicas y los usos tienen un contenido social.

2.2.1 Concepción historicista del Derecho

De acuerdo con la concepción historicista, el Derecho sería consecuencia de la *continuidad histórica de la evolución humana*. Esa corriente fue propuesta y fundamentada por destacados juristas.

Para Gustav Hugo (1764-1844)[3] (jurista alemán y miembro de la Escuela Histórica[4]) *el Derecho de un pueblo apenas puede ser comprendido por medio de su propia vida nacional, pues él propio es expresión de esa vida.* Así, importa la defensa del principio de la continuidad histórica de las instituciones humanas, considerándose un grave error cambiarlas en nombre de pensamientos abstractos de carácter universal, de tal manera que la propia *Declaración de los Derechos del Hombre y del Ciudadano* llega a ser calificada como el *digesto de la anarquía.*

Gustav Hugo concibe el Derecho natural, no como un sistema normativo autosuficiente o como un conjunto de reglas distinto y separado del sistema de Derecho positivo, mas, si como un conjunto de consideraciones filosóficas sobre el propio Derecho positivo. Entendiendo el Derecho natural como Filosofía del Derecho Positivo. El citado autor aporta un conjunto de conceptos jurídicos generales y elabora una nueva Teoría General del Derecho y, así, procura indicar la conexión entre la filosofía iusnaturalista y la iuspositivista. Así, por ejemplo, el Derecho internacional sería una especie de Derecho moral. Hugo indaga lo que es exactamente Derecho Positivo y responde que es el Derecho puesto por el Estado, mas no como mantendría el positivismo jurídico en el sentido restricto del termino, no como norma que reposa en la voluntad del legislador, más que proviene de las costumbres de un pueblo, del Derecho consuetudinario, doctrina científica o jurisprudencia (BOBBIO, 1995, p. 46).

Friedrich Carl von Savigny (1779-1861)[5], también representante de la Escuela Histórica preconizó la concepción de un Derecho fundado no en la razón, más en la historia y en la tradición humana. Savigny sostenía la idea de que todo momento histórico debe ser pensado como continuación del desarrollo del pasado. Luego, la historia sería la verdadera referencia para conocer la condición humana. Así, la Escuela Histórica priorizaría el estudio del Derecho Romano, entonces en vigor en los estados germánicos y en una buena parte de Europa, en virtud de las instituciones tener una afinidad y ser orientadas por el espíritu nacional germánico. Savigny consideraría un gran error y riesgo la "infinita arrogancia" del Derecho natural y reafirmaría su empeño en salvar el Derecho de las vanas abstracciones generadas por la obra "*Institutiones juris naturae et gentium"* de Christian Wolff e indicó que solamente un estudio

---

[3] Disponible en: http://www.iscsp.utl.pt/~cepp/autores/alemaes/hugo.htm Acceso en: 25, 06, 2013.

[4] La Escuela Histórica defendía el valor de la sabiduría y la necesidad de preservar y continuar el orden tradicional. La contribución de la Escuela Histórica fue la valorización del espíritu del pueblo, lo que conducía a la suposición de que naciones o grupos étnicos constituían unidades naturales, por tanto, existirían las leyes de la evolución histórica.

[5] Disponible en: http://pt.wikipedia.org/wiki/Friedrich_Carl_von_Savigny. Acceso el: 25, 06, 2013.

histórico del Derecho positivo sería pre-requisito para el correcto entendimiento de la ciencia de todo el Derecho.

Como ha de ser observado, la concepción historicista estaría en conflicto con el Derecho natural racional. Sus partidarios reconocerían que el Derecho no nace de una razón universal válida para todo el género humano, Así como afirmarían los iusnaturalistas. En esencia, la verdadera fuente y razón del Derecho están en las tradiciones populares. El Derecho es determinado por el espíritu de pueblo.

El Derecho sería un fenómeno histórico, esto es, un producto de la evolución histórica, que tiene como fundamento el origen de las críticas formuladas por la Escuela Histórica a la filosofía del iusnaturalismo, por medio de las cuales se presentó el Derecho como una ciencia histórica y también filosófica (sistemática y racional).

La concepción en estudio relaciona el Derecho con la evolución de las sociedades, aproximándose, así, de la concepción sociológica del Derecho que realza la importancia de los estudios históricos de las tradiciones jurídicas. Se destaca, de esta forma, el carácter social del fenómeno jurídico, correlacionándose la ciencia jurídica (*juris scientia*) con la historia del Derecho.

Al estudiar cuidadosamente el desarrollo de la ciencia del Derecho, constatamos que las teorías y doctrinas jurídicas se suceden en toda la historia, expresando de forma concreta su época. Así, el Derecho se construye a partir de las constataciones ciertas, cuya evidencia, en determinada época, nos indica, en alto grado, que ellas son verdaderas. A partir de ellas, la ciencia se caracteriza por la búsqueda de conceptos seguramente definidos, constituyendo un cuerpo sistemático de enunciados. Como la noción de enunciado verdadero está relacionada a las pruebas propuestas y a los instrumentos de verificación desarrollados históricamente, el conocimiento científico puede ser bien diferente de una época para otra (FERRAZ, 1980, p 10).

La importante Escuela Histórica optó por atribuir al Derecho un carácter histórico-sociológico y no racional. El concepto de Derecho, en esta perspectiva sería, así, propuesto:

> El Derecho no es una idea de la razón, pero, sí un producto de la historia. Nace y se desarrolla en la historia, como todos los fenómenos sociales y, por tanto, varía en el tiempo y en el espacio. Existe un sentimiento de lo justo y de lo injusto, gravado en el corazón del hombre y que se exprime directamente por medio de las formas jurídicas primitivas, populares, las cuales se encuentran en los orígenes de la sociedad (BOBBIO, 1995, p. 51).

Fue, como explica Bobbio (1995, p. 45), precisamente en el cuadro general de la polémica anti-racionalista, conducida en la primera mitad del siglo XIX por el historicismo donde acontece la "desacralización" del Derecho natural. Según enseña el citado autor, el historicismo se originó con la escuela histórica del Derecho, que surgió y se difundió en la Alemania al final del siglo XVIII y comienzo del siglo XIX. Se observa que la "escuela histórica" y "positivismo jurídico" no son la misma cosa; La primera preparó el segundo por medio de su crítica radical al Derecho natural.

Norberto Bobbio (1995, p. 54) observa que la escuela histórica del Derecho fue la precursora de ciertas corrientes iusfilosóficas, por ejemplo, la escuela sociológica de tipo "realista" que se desarrollara principalmente en el mundo anglosajón y que, en el siglo XIX e XX, asumiría una posición crítica frente al iuspositivismo.

2.2.2 Concepción empírico-realista del Derecho

La concepción empirista del Derecho recibió una fuerte influencia del positivismo sociológico francés, y pasó a defender los criterios propios del sociologismo jurídico. Su propuesta de objeto del Derecho afirmó que las relaciones jurídicas son relaciones sociales adaptadas, esto es, relaciones sociales objetivas esbozadas en las reglas jurídicas nacidas espontáneamente de la costumbre y que son reveladas o descubiertas por los que procuran el Derecho en los hechos sociales. Se trata de relaciones cuyo fin es promover un grado de verdad, de eficacia: de acierto de la regla jurídica propuesta para ajustar o conciliar los intereses humanos presentes. (COSIO, *apud*, DINIZ, 1999, p. 20)

Los doctrinadores del realismo legal se destacaron en la teorización del Derecho.

Alf Ross (1899-1979), representante del realismo jurídico[6], consideraba el Derecho como un conjunto de hechos sociales, reducido a un único mundo, el de la realidad empírica. De acuerdo con la metodología de Ross, el Derecho es un hecho

---

[6] Esta orientación del positivismo comenzó a desarrollarse en finales del siglo XIX en la Escandinavia y, sobre todo, en los EUA, donde se tornó una opción importante, debido al sistema jurídico adoptado (*common law*), fundamentados en el precedente de la práctica y no exclusivamente en la legislación. Luego, se sabe de la existencia de un Realismo americano, cuyos principales representantes son Oliver Wendell Holmes (1841-1935), Roscoe Pound (1870-1964), Karl Llewellyn (1893-1962) que se desarrolló paralelamente al escandinavo, cuyos principales representantes Axel Hägerström (1868-1939), Anders Vilhelm Lundestedt (1882-1955), Karl Hans Knut Olivecrona (1897-1980) y Alf Ross (1899-1979). Ambas orientaciones tienen en común una actitud empirista y anti-metafísica.

social cuya existencia y descripción solamente pueden ser medidas en términos puramente sensibles y empíricos, sin necesidad de recorrer a principios apriorísticos, morales, racionales o ideológicos (ROSS, 2000, p. 9-11).

Alf Ross se empeñó en despojar el pensamiento jurídico de cualquier forma de idealismo y de presupuestos no verificables. Así, sus obras tenían un fundamento científico, asentado en un realismo jurídico considerado una corriente vinculada al positivismo lógico. Gran parte de la obra de Ross fue dedicada a criticar el iusnaturalismo usando los argumentos epistémicos y metodológicos que tendrían como punto de partida la obra de uno de sus más admirados maestros y colegas: Hans Kelsen.

La concepción realista del Derecho de Ross realza su postura empirista. Ratificando el positivismo normativo de Kelsen, Ross defiende un positivismo centrado en la aplicación de la norma. En ese sentido, para el citado autor, la *ciencia del Derecho* jamás podrá ser separada de la *sociología del Derecho*, pues aquella es siempre una abstracción de la realidad social y esta dirige su atención al Derecho concreto en acción, para el comportamiento e ideas jurídicas que operan en ese comportamiento, y no puede ser separada de la ciencia del Derecho. Independientemente de que el jurista no esté interesado con el nexo que ata la doctrina a la vida real, ese nexo existe, reside en el concepto de "Derecho vigente" y constituye parte esencial de todas las proposiciones doctrinarias, pues ese concepto se refiere a la efectividad de las normas constitutivas de un hecho social (ROSS, 2000, p. 43).

La mayor preocupación del realismo jurídico es con la finalidad práctica del Derecho. Se procura, así, por un Derecho pragmático, de cara a la acción. En ese sentido la ciencia del Derecho debería caracterizarse por ser una ciencia social práctica, bien parecida con una técnica de solución de conflicto.

Karl Hans Knut Olivecrona (1897-1980), también de orientación realista inspirada en las ideas críticas de la escuela de Uppsala y siguiendo los pasos de Axel Hägerström y de Andrea Wilhelm Lundestedt, ambos expresivos autores del realismo jurídico escandinavo, desarrolla un abordaje teórico que combate la metafísica jurídica y procura nuevas dimensiones epistemológicas, psicológicas y sociológicas para explicar el origen y la naturaleza de la ciencia y de los conceptos e institutos jurídicos (OLIVECRONA, 2005, p. 7).

Olivecrona tiene como propuesta separar la idea de que el Derecho constituye un objeto real independiente, existente en sí y por sí, y establece las bases para una concepción psicológica y sociológica de las nociones jurídicas básicas, a partir de la preponderancia del lenguaje. Así, afirmaría: "no podríamos saber lo que acontece en el mundo sin cierta comprensión del lenguaje" (OLIVECRONA, 2005, p. 17).

La propuesta teórica de ese tipo de realismo es considerar la aplicación práctica del Derecho como su principal objeto. En ese sentido, como enseña el autor: "el principal objeto del Derecho parece ser, en verdad, la determinación de los Derechos y deberes de los individuos y su aplicación práctica" (OLIVECRONA, 2005, p. 18).

Así, como también afirmaría el realismo norteamericano, "la ciencia jurídica tiene que ocuparse de los hechos y no de entidades metafísicas". De esa manera, sería posible obtenerse una base empírica para la ciencia jurídica, substituyendo enunciados acerca de derechos y deberes en sentido tradicional por enunciados referentes a la acción judicial. Por ese camino, la redefinición de los conceptos jurídicos implica entonces una troca de conceptos metafísicos sobrenaturales por otros conceptos de base empírica. Así, el Derecho es, para Olivecrona (2005, p. 24, 26, 48), "un sistema de reglas acerca de derechos subjetivos y deberes".

Según la concepción en estudio, el Derecho tendría por finalidad regular relaciones sociales. Así, la concepción se sostiene en las propias raíces de la vida social que le sirve de contenido y se traducen en normas de conducta. Como consecuencia, la concepción sociológica del Derecho remite a los juristas para las ciencias sociales, única dimensión donde podrían encontrar conocimientos relevantes (LARENZ, 1983, p. 2).

Trátase, pues, de un positivismo de fuerte influencia empírico-sociológica que también podemos denominar de positivismo centrado en la eficacia social.

Es que: el Derecho, independientemente de ser considerado un conjunto de normas, es mutable y sociológicamente provisorio. Así, el es una mera manifestación de superestructura, cuyas fuentes se encuentran en aquella realidad que le es subyacente y que lo inspira y alimenta (MIRANDA ROSA, 1977, p. 28).

El Derecho, según esa concepción, estaría estrechamente vinculado a los factores sociales e históricos que les dan vida y exigen de él una constante actualización. Significa, de esa forma, que existe una concepción sociológica que busca justificar el Derecho con base en sus raíces sociales que le sirven de contenido, adoptando la forma de normas y reglas de conducta, siempre expresivas y de intereses sociales.

Por ese camino, el Derecho guardaría una estrecha relación con la *realidad social, económica e* histórica. Surgirían, así, las escuelas históricas y marxistas del Derecho cuyas orientaciones valdría ser presentada.

También de corte sociológico se cita a la "jurisprudencia de los intereses". Se trata de una "corriente jurídica que surge en Alemania, en la segunda mitad del siglo XIX, y según la cual el juez debe resolver las controversias teniendo en cuenta los intereses efectivamente en juego" (BOBBIO, 1995, p. 98). Así, el verdadero Derecho radica en la actividad jurídica desarrollada por el juez en el proceso de resolución de conflictos de intereses.

La concepción sociológica tiene una implicación práctica al preocuparse con la realidad social, las condiciones de aplicación del Derecho. Luego, se coloca en destaque el papel del juez en la interpretación y en la creación del Derecho. El juez es orientador y pensador-adjunto del legislador, pues ofrece una solución de acuerdo con el espíritu y a la finalidad de la ley. Los tribunales deciden, de forma no subjetiva, mas con cierta flexibilidad (discrecionalidad), pues la ley no establece soluciones claras para todos los casos. El juez debe obediencia a la ley ("obediencia inteligente"), llevando en consideración la situación social en el momento de la decisión. El representante más conocido de este pensamiento es Philipp Heck (1858 – 1943).

2.2.3 Concepción marxista del Derecho

También de influencia sociológica y, fundamentalmente, económica es la concepción marxista del Derecho.

Karl Heinrich Marx (1818-1883), fundador del marxismo[7], intelectual (economista, filósofo, historiador, teórico político y periodista) y revolucionario alemán, precursor de la dialéctica materialista y del materialismo histórico. La teoría marxista del Derecho se distingue de otras concepciones sociológicas por jerarquizar los factores sociales. El Derecho (la ley) depende (ley de la correspondencia) del nivel de desarrollo económico de la sociedad y forma parte de la superestructura demarcada por el

[7] Se sitúan, entre sus mayores representantes y defensores a Marx, Engels (1820-1895) y Vladimir Ilitch Lenin (1870 - 1924). La doctrina marxista, con la intención de ser llevada a la práctica, fue revista y adaptada por diversos partidarios y líderes comunistas. La infelicidad de tal adaptación generó la deformación de la orientación socioeconómica, política y jurídica originalmente propuesta por su autor (creador).

desarrollo de las Fuerzas Productivas y de las Relaciones de Producción dentro de determinada Formación Económica Social: Esclavista (Esclavismo), Feudal, Capitalista y Comunista.

La escuela marxista desarrolló una lectura del Derecho procurando determinar la relación existente entre la realidad socioeconómica y el Derecho, con la finalidad de establecer un nexo de dependencia entre la economía y el derecho, esto es, entre la Base material y Superestructura jurídica.

Considérase, así, el Derecho como consecuencia del conjunto de disposiciones jurídicas adoptadas por la sociedad: el Derecho como voluntad de la clase dominante erigida en ley o como la expresión de la voluntad de un pueblo del espíritu de un pueblo y, por tanto, es un producto histórico que depende del modo de vida de cada nacionalidad y, en gran medida, de las tradiciones populares.

Surge ahí la tentativa de considerar el Derecho como resultado de una ideología jurídica como una forma de expresión de las ideas de grupos y clases, acerca de lo lícito y de lo ilícito, de lo legal y de lo ilegal, de lo justo y de lo injusto y sobre las formas de regulación de las relaciones sociales. Tal ideología es defendida por diversos teóricos, especialmente, socialistas (comunistas) para quienes el Derecho es la voluntad de una clase dominante erigida en ley "voluntad esa cuyo contenido está dado en las condiciones materiales de su propia vida histórico-social".[8]

2.3 Concepto iusnaturalista del Derecho

La concepción iusnaturalista es, en esencia, racional. Ella se asienta en la reflexión ético-valorativa y, por ese motivo, puede ser considerada como una orientación inserida en el ámbito de una actitud referida a los valores.

Según explica Chaïm Perelman (1912-1984), el Derecho fue, durante siglos, dominado por el ideal de una justicia absoluta, concebida como de origen divina, natural o racional, lo que hizo con que fuera definido durante siglos como *ars boni et aequi* (Digeste, I, 1,1), el arte de determinar lo que es justo y equitativo. El papel del jurista, en esa perspectiva, sería el de preparar, con sus reflexiones y con sus análisis, la solución más justa en cada caso específico (PERELMAN, 2004, p. 9).

---

[8] Disponible en: http://pt.scribd.com/doc/112467767/Marx-o-Direito-Enquanto-Voluntad-Da-Classe-Dominante-Erigida-Em-Lei-Parte-i. Acceso el: 25,06,2013.

Se trata de una concepción que, generalmente, considera como verdadero derecho aquel que designa los valores éticos, últimos y finales de toda sociedad. La concepción en estudio se apoya en la tesis de que el Derecho es diferente de la *lex* (Ley) e, independientemente de que ella exista, siempre será un reflejo de aquel. En principio, existiría un Derecho natural (divino) separado de un Derecho normativo creado por el hombre.

Para Arthur Kaufmann (2004, p. 205-206), por ejemplo, en la obra de Santo Tomás de Aquino, la "ley" y el "Derecho" son conceptos bien distintos: "la ley radica en la autoridad del legislador (es 'establecida'), no tiene origen en el ser, mas, es antes de todo, resultado de una voluntad normativa. Bien diversamente del Derecho, que *Tomás* no coloca en el mismo contexto sistemático que es la ley, mas, antes en el cuadro de la doctrina de la virtud y más precisamente de la Justicia. El '*ius*' no es para *Tomás* algo de subsistente en las normas, no es un esquema abstracto del comportamiento correcto, es antes el proprio comportamiento y la decisión justos en la situación concreta. El Derecho no es norma, mas, la actividad: una '*actio iustitiae*' que es también propia de la cosa justa: '*ipsa res iusta*'".

Se considera ilusoria (utópica) aquella concepción que niega la importancia (la utilidad del Derecho positivo) y desconsidera la ley. Aquel "iusnaturalismo" que realza un ideal de justicia (absoluto) propio del Derecho natural, que es anterior y superior al Derecho de los hombres.

Modernamente, autores como Rudolf Stammler y Giorgio Del Vecchio, considerados precursores de un *neo-jusnaturalismo,* crearon las bases para el resurgimiento del Derecho natural como criterio de justificación del Derecho positivo. En las obras de esos autores se establecen criterios para la determinación de lo que debe ser considerado un buen Derecho, esos criterios orientan el uso de "principios". No es que eso signifique retomar los postulados del Derecho natural absoluto e inmutable. Ciertamente, se establecen las bases de lo que actualmente se conoce como *fundamento (modelo o teorías) crítico del Derecho*, por medio del cual se justifica el humanismo jurídico moderno: el Derecho, así, se corresponde con la naturaleza, con la "necesidad humana y es inseparable de la propia vida del hombre" (DEL VECCHIO, 2003, p. 32).

Ciertamente, el iusnaturalismo histórico y moderno siempre colocó ciertos derechos encima de la posibilidad de cualquier refutación, derivándolos directamente de la naturaleza del hombre. Pero, la naturaleza del hombre se reveló mucho frágil como fundamento absoluto e irresistible del Derecho (BOBBIO, 2004, p. 16).

No deja de ser menos importante la consideración de que el fundamento absoluto del Derecho natural se torna utópico o quimérico, pues las leyes morales, independientemente de ser consideradas obligatorias, ni siempre son observadas (obedecidas) socialmente, de lo que se deriva la necesidad de una norma jurídica con sanción evidente, así, como propuesta por el positivismo jurídico.

Los críticos de esta orientación a ella atribuyen un enfoque Metafísico por medio del cual el Derecho sería "todo que él dice al respecto de una esfera suprasensible" (OLIVECRONA, 2005, p. 18). El Derecho, así, sería situado encima de los hechos de la vida real. Por tanto, la definición del Derecho debe referirse a un poder místico que puede hacerse valer, en caso de necesidad, por medio del aparato del Derecho.

En suma, podemos afirmar que el iusnaturalismo defiende dos tesis, la primera, que el Derecho depende de la moral (esto es, que "la existencia del Derecho depende de su adecuación a la moralidad") y la segunda, que la corrección de las decisiones judiciales depende de que su contenido satisfaga los criterios de corrección moral (MORESO, 2004, p. 45-62).

2.3.1 Concepción moralista del Derecho

El moralismo jurídico es, frecuentemente, significado como una concepción que ve en la moral sus aspectos fundamentales para concebir el Derecho como un resultado de ella.

Al respecto de esa orientación, explica Émile Durkheim (2006, p. 73-77), algunos moralistas pretenden que la moral consista en los estímulos que gobiernan nuestra voluntad y la naturaleza de nuestras intenciones. Otros, por el contrario, se dedican a estudiar más las consecuencias objetivas de los actos y prefieren indagar las consecuencias originadas por el Derecho positivo. Así, se desarrolló una moral jurídica. Si es verdad que la moral tiene como base un hecho psicológico, ella termina en un hecho social. Sus raíces se ahondan en el corazón del individuo. Cuatro factores principales dan origen a la moral: a) la religión; b) la costumbre; c) el medio físico y; d) la civilización en general. Los dos primeros son obviamente los más importantes.

En ese sentido, afirmamos, el Derecho y la Moral dialogan por el motivo de que ambas áreas tienen un elemento común, la conducta humana. En extremo, el Derecho sería un mero capítulo de la moral, balizado por los valores morales.

Así, el respeto y la defensa de esos valores morales son condiciones para la convivencia humana. El concepto en estudio reconoce como premisa fundamental la existencia de un racionalismo moral que parte del hecho de que existe un Derecho escrito y creado por el hombre y, por lo tanto, debe admitirse la preexistencia de un mundo valorativo que incide en la convivencia humana.

Se trata, pues, de un fundamento supra-normativo, supra-positivo o axiológico del Derecho que se funda en la idea de la existencia de un Derecho moral (o ético) mucho más justo que el Derecho positivo. Se torna primaria, así, la doctrina del Derecho justo defendida históricamente por el iusnaturalismo como un Derecho racional, esto es, fundado en la razón.

En suma, el concepto moralista del Derecho tiene como fundamento la existencia de una moral perfecta. El concepto ético-valorativo del Derecho propone un "método" (relativismo) que tiene como tareas precisar la corrección de cada juicio de valor solamente con relación a otros juicios de valor "superiores", apenas en el cuadro de una concepción determinada de mundo y de valor. El método pertenece a la razón teórica y no a la razón práctica. Esto significa la renuncia a la fundamentación científica de las actitudes últimas, y no a la renuncia a su propia posición (RADBRUCH, 2010, p. 20-22).

2.4 Concepto positivista del Derecho

El concepto positivista concibe el Derecho como derivado de la voluntad humana y, consecuentemente, puesto por el hombre. Es el hombre quien, por razón de seguridad y certeza jurídica procura en las normas una forma de resguardar sus intereses.

Para el positivismo, el Derecho es un orden de conducta humana, es norma y nada más que un conjunto de normas. Eso significa decir que no existe Derecho sin normas positivadas. Así, contrariando la noción iusnaturalista, el concepto positivista reafirma la necesidad de un orden de conducta humana que no depende de la voluntad divina ni mucho menos de la moral.

El positivismo nos propone lo siguiente: vale más una ley injusta que la no existencia de ley. Eso significa que la ley, por si sola, se justifica: ella es justa. Esa sería una de las premisas del positivismo legalista, aquel que identifica el Derecho con la ley: "no sólo *apenas* la ley es Derecho, mas también *cualquier* ley es Derecho" (KAUFMANN, 2004, p. 122).

Para Ihering (2005, p. 57-58), ese tipo de positivismo puede ser considerado un "enemigo mortal de la Ciencia del Derecho"; pues la degrada en trabajo manual; y, después, entabla una lucha de vida o muerte con ella. Entonces, estimula el surgimiento de una multitud de autores, montañas de citaciones. Se trata, así, de un positivismo que convida a hacer literatura de segunda mano con tijeras. Así como aconteció en la época de los pos-glosadores y después, en el siglo XVII y en el siglo actual.

El Derecho, afirma una parte del positivismo, es una expresión de los intereses de clase, el Derecho sería, pues, un instrumento de poder, una facultad de obligar. Es una acepción subjetiva que se funda,

> En verdad, en la conciencia de la obligación de todos, según la ley; pero, para determinar el arbitrio en consecuencia de esa obligación, el Derecho estricto o puro (aquel que no se mezcla con la moral) no puede ni debe referirse a esa conciencia como móvil; al contrario, debe apoyarse en el principio de la posibilidad de todos, según leyes generales [...] El Derecho y la facultad de obligar son, por tanto, la misma cosa" (KANT, 1993, p. 48).

De acuerdo con esa concepción existe un interés (ideológico) en justificar el Derecho por la ideología (doctrinas) vigente en una sociedad. Tales ideas serían vehiculadas a favor de intereses de grupos. Es el rol de la ideología en el estudio del Derecho.

Podemos, apoyándonos en Bobbio (1995, p. 27, 29), definir el Derecho como un conjunto de reglas que son consideradas obligatorias en una determinada sociedad, pues su violación dará lugar a la intervención de una sanción. Mas, cuando identificamos el Derecho con las normas puestas por el Estado, no damos una definición general de Derecho y si una definición obtenida de una determinada situación histórica, aquella que vivimos.

Según la concepción normativa, ya vimos, el Derecho es un conjunto de normas impuestas por el Estado. Se trata de una orientación positivista que coloca en primer lugar el orden normativo. Considérase, así, el Derecho como un orden, conjunto de normas ordenadas (coercitivas o coactivas) que rigen las actividades de una sociedad, concíbase el mismo como una ciencia que tiene como finalidad reglamentar y proteger determinadas relaciones sociales por medio de normas de conducta.

Aquí consideramos oportuno destacar la orientación conceptual propuesta por los defensores del positivismo, tales como: Thomas Hobbes, John Austin, Hans Kelsen que, entre otros filósofos y juristas, que contribuyeron profundamente con la comprensión de la relación entre el Estado, el Poder y el Derecho.

En esta perspectiva Thomas Hobbes (1588-1679), por ejemplo, define el Derecho como aquello que es ordenado por los que detienen el poder soberano. Así siendo, "el Derecho es la libertad de hacer o de omitirse, la ley obliga a actuar o a omitir" (HOBBES, 2000, p. 99). Con la palabra *Derecho*, el autor entendería, la libertad que todo hombre posee para utilizar sus facultades naturales en conformidad con la razón recta. No hay ley donde no hay poder y donde no hay ley no hay justicia. Tal tesis, independientemente de los fundamentos iusnaturalistas, ponen al autor en una posición positivista.

John Austin (1790-1859), considerado el fundador del positivismo jurídico, también de orientación empirista y utilitarista, vería en la ley (esto es, en la orden emanada del soberano) la forma típica del Derecho y el fundamento último de toda norma jurídica. En su obra Austin se recusa a considerar como Derecho propiamente el Derecho natural, la concepción de la efectividad del Derecho existente en las variadas sociedades como el fundamento da su validez, la determinación, en fin, el Derecho tal cual el efectivamente es, como objeto de la ciencia jurídica (BOBBIO, 1995, p. 103).

Como explica Jürgen Habermas (1998, p. 271, 278, 279) teóricos, como Hans Kelsen e H. L. A. Hart, en contraposición a las escuelas realistas, prefieren destacar el sentido normativo específico de las proposiciones jurídicas y la estructura sistemática de un sistema de reglas, como es el Derecho, que tiene por finalidad posibilitar la consistencia de las decisiones que observan tales reglas y convierten el Derecho en algo bien diferente de la política. En contraposición a las hermenéuticas, acentúan la completud de un sistema jurídico cerrado que sería impermeable a principios extrajurídicos. De acuerdo con Habermas, el positivismo llega a una falsa tesis de autonomía, pues entiende el Derecho como un sistema cerrado en reglas predeterminadas y pensadas para una aplicación específica, las cuales, en caso de colisión, precisan de la decisión del juez. Es, para el autor, una concepción unidimensional del Derecho como sistema de reglas exentas de principios.

Hans Kelsen (1890-1970) vislumbra el Derecho como derivado del poder coactivo del Estado. Según el autor, el Derecho es una orden normativa de conducta humana, o sea, un sistema de normas que regulan el comportamiento humano que constituye el objeto del conocimiento jurídico (la Ciencia del Derecho). Con el término "norma" el autor significa que algo *debe ser* o acontecer, especialmente que un hombre *se debe* conducir de determinada manera. El conocimiento jurídico se dirige a estas normas que poseen el carácter de normas jurídicas y confieren a determinados hechos el carácter de actos jurídicos (o antijurídicos) (KELSEN, 1998, p. 4-5).

Ese carácter normativo permitiría reducirlo a una técnica específica de organización social, siendo su concepto un problema técnico y no moral. Así, Derecho y Justicia serían dos conceptos diferentes. El Derecho, así considerado, distinto de la justicia, es el Derecho positivo. Igualmente, afirma el citado autor, "si el Derecho y la justicia son identificados, si apenas un orden justo es considerado Derecho, un orden social que es presentado como Derecho es – al mismo tiempo – presentado como justo, y eso significa justificarlo moralmente" (KELSEN, 1998, p. 8).

H. L. A. Hart (1907-1994), a partir de una postura evidentemente positivista, optó por considerar desnecesario definir el Derecho. Hart tendría como objetivo profundizar en la comprensión del Derecho, colocando la coerción y la moral como fenómenos sociales distintos, pero, relacionados entre sí. A pesar de su preocupación con el análisis normativo Hart se preocupó con la sociología descriptiva, orientando su obra a partir de una investigación sobre los significados de las palabras.

La tesis fundamental de la obra de Hart sería que: ni el Derecho ni ninguna otra forma de estructura social pueden ser comprendidos sin que se tenga en cuenta ciertas distinciones cruciales entre dos tipos diferentes de enunciados, a que llamó "internos" y "externos", que pueden ambos ser elaborados siempre que las normas sociales sean observadas.

Independientemente de que Hart (2009, p. 2) se niegue a definir el Derecho, considerando la falta de utilidad de una definición, su postura contrasta con la idea de que "el Derecho es la norma primaria que estipula la sanción". De esta forma afirma:

> Lo que las autoridades hacen al respeto de los litigios es [...] el propio Derecho. Las previsiones sobre lo que los Tribunales harán [...] es lo que entiendo por Derecho; la legislación es fuente del Derecho [...] y no el propio Derecho; el Derecho constitucional es mera moral positiva; es prohibido robar; si alguien roba, será castigado [...]. Caso exista de hecho, la primera norma está contenida en la segunda, que es la única norma genuina.

Esas son, explica el autor, apenas algunas de muchas afirmaciones y negaciones sobre la naturaleza del Derecho que pueden parecer extrañas y paradoxales. Para Hart es evidente que la legislación forma parte del Derecho, es, al menos, una rama del Derecho. Está claro, afirma Hart, que el Derecho no puede ser apenas lo que las autoridades hacen o lo que los tribunales van a decidir, una vez que es el Derecho quien crea una autoridad o un tribunal. No sólo el Derecho y la moral comparten un mismo vocabulario, de modo que existen obligaciones, deberes y derechos tantos jurídicos como morales, mas también todos los sistemas jurídicos internos y trasnacionales reproducen la substancia de ciertas exigencias morales fundamentales. El homicidio y el uso gratuito de la violencia son apenas los ejemplos más obvios de la coincidencia entre las prohibiciones del Derecho y de la moral. Independientemente de eso, existe una idea, la de justicia, que parece unir los dos campos. Esos hechos, según el autor, sugieren la interpretación de que el Derecho debe ser comprendido como una rama de la moral o de la justicia, y que es la congruencia con los principios de la moral (HART, 2009, p. 2-9).

Contrariando las doctrinas que combaten el positivismo, Hart (2009, p. 10) sostiene que la afirmación de que “una ley injusta no es una ley” suena tan exagerada y paradoxal o falsa, como la afirmación de que “las leyes creadas por el legislador no son leyes”, o de que “el Derecho constitucional no es Derecho”.

De acuerdo con Hart (2009, p. 10), podría parecer que la afirmativa de que un sistema jurídico está compuesto por normas difícilmente podría ser puesta en duda o reputada como de difícil comprensión. De cualquier forma, Hart fue calificado de un “positivista” que no rechaza ni aparta la moral del contexto jurídico. En este sentido, se opone a las corrientes exclusivistas, esto es, que excluye totalmente la moral del Derecho.

Como bien observa Maria Helena Diniz (2009, p. 88), Hart procuró colocar los ideales jurídicos incluso la moral, dentro del propio fenómeno de la juridicidad, no como fundamento metaempírico de validez del Derecho positivo, mas como algo empíricamente verificable dentro del propio Derecho positivo, exprimiendo, por consiguiente, una realidad social. En verdad, las ideas de Hart revolucionaron la ciencia jurídica inglesa por haber indicado el camino para una superación de la propia jurisprudencia analítica, a la que estaba ligada, y del propio realismo jurídico. Su teoría presenta grandes afinidades con el movimiento realista jurídico escandinavo, por el abandono de criterios metaempíricos de validez del Derecho y por la aceptada existencia de orden jurídico como fenómeno social, esto es, correspondiente a una cantidad de hechos sociales heterogéneos, identificados por la referencia a la práctica efectiva, o sea, a la manera como los tribunales identifican lo que debe ser considerado Derecho.

Hart, en su obra El Concepto del Derecho, critica el voluntarismo: teoría que considera la obediencia habitual de un grupo social a las órdenes del soberano como condición necesaria y suficiente de la existencia del Derecho, pasan a enumerarse los elementos jurídicos, destacandose que la característica distintiva del Derecho consiste en la fusión de normas primarias, que imponen deberes u obligaciones, y secundarias, que confieren poderes, reglamentando la producción jurídica. Clara es, en esta teoría, la relación entre norma y poder (DINIZ, 2009, p. 88).

En suma, la concepción positivista sostiene que el Derecho es una clase particular de pensamiento normativo, algunos positivistas no enfatizan, mas tampoco niegan las bases sociales del Derecho. Aquellos que se apartan del Derecho natural son considerados "excluyentes", por separar la normatividad jurídica de la normatividad moral, en vez de desarrollar un análisis de como la primera afecta a la segunda.[9]

2.4.1 Positivismo excluyente

Consideramos "excluyente" la corriente positivista que se apoya en la idea de la separación del Derecho de otras importantes áreas del conocimiento humano. Se trata de un positivismo que no admite vinculación del Derecho con la moral y con otras tantas importantes áreas del saber humano.

El positivismo excluyente se funda, principalmente, en la tesis de la separación del Derecho de la moral, tesis considerada por Robert Alexy[10], como irrelevante (entiéndase incorrecta), esto, no significa que ella no sea importante, la cuestión es que

---

[9] Veanse algunas reflexiones sobre metodología en Teoría del Derecho. Disponible en: http://www.cervantesvirtual.com/obra/algunas-reflexiones-sobre-metodologa-en-teora-del-derecho-0/. Acceso el 05 de diciembre de 2011.

[10] ALEXY, Robert. *A Natureza dos argumentos acerca da natureza do direito*. Disponible em: http://www.panoptica.org/seer/index.php/op/article/view/129. Acceso en 20 de mayo de 2014.

considera diferente la naturaleza del Derecho, contrariando, así, a su opositora (la tesis de la conexión).

La exclusión de los elementos sociológicos y moralistas del Derecho se constata con más fuerza en la obra de Hans Kelsen (1998). Para el citado autor "el problema de la Justicia, como problema valorativo se sitúa fuera de una Teoría del Derecho que se limita al análisis del Derecho positivo como realidad jurídica". Se trata de la Teoría Pura del Derecho que, como nos enseña Norberto Bobbio (2008, p. 23-24) se posiciona: de un lado, contra el Derecho Natural; de otro, contra la Sociología. La polémica contra el Derecho Natural fue conducida en nombre de la objetividad de la ciencia, la cual tiene la tarea de conocer la realidad y no de evaluarla, por otro lado, el Derecho Natural es el campo de todas las ideologías que, de tiempos en tiempos, pretendieron valorar el Derecho positivo para afirmar la conformidad a ciertos ideales de justicia. Actuando contra la objetividad de la Teoría Pura del Derecho, el Derecho Natural exprime valores subjetivos o hasta irracionales, los cuales son objetos de análisis científicos. La polémica contra la Sociología, al contrario, es llevada en nombre de la distinción entre la esfera del ser, a la cual pertenecen los fenómenos sociales, y la esfera del deber ser, a la cual pertenece el Derecho, el cual, como norma o complejo de normas (ordenamiento), es una estructura calificadora de la realidad social.[11]

Así, en la Teoría Pura del Derecho, la obra más difundida de Hans Kelsen (1998, p.1) encontramos la tesis de la separación del Derecho de otras áreas del saber humano, especialmente de la Sociología, de la Psicología, de la Política y de la Filosofía moral. Con ese objetivo afirma el citado autor:

> Cuando a si propia se designa como "pura" la Teoría del Derecho, esto significa que ella se propone garantizar un conocimiento apenas dirigido al Derecho y excluir de este conocimiento todo cuanto no pertenezca a su objeto, todo cuanto no se pueda, rigorosamente, determinar como Derecho. Quiere esto decir que ella pretende libertar la ciencia jurídica de todos los elementos que le son extraños. Ese es el principio metodológico fundamental. Al respeto del fundamento de esa forma de positivismo, el autor destaca que, de un modo enteramente acrítico, la jurisprudencia se ha confundido con la psicología y la sociología, con la ética y la teoría política. Conforme explica Kelsen, esta confusión puede explicarse por el hecho de que estas ciencias se

[11] Para Norberto Bobbio, la Teoría Pura del Derecho tenía dos pretensiones fundamentales: a) ser ciencia y no ideología; b) ser la ciencia propia del objeto específico a que se dirige el Derecho y no de objetos diversos, como son aquellos estudiados por la Sociología. Con base en la primera pretensión se propone como la verdadera ciencia, en contraposición a la pseudociencia de los iusnaturalistas y en general de aquellos que subordinan el estudio del Derecho a las ideologías políticas. Con la segunda, se propone como la única ciencia del Derecho, en contrapunto a las ciencias afines que tienden a sustituirse a la jurisprudencia normativa.

> refieren a objetos que indudablemente tienen una estrecha conexión con el Derecho.

Pura procura delimitar el conocimiento del Derecho en aras de estas disciplinas. El autor no ignora ni, mucho menos, niega la conexión existente entre tales áreas, las excluye para intentar evitar un sincretismo metodológico que oscurece la esencia de la ciencia jurídica y establecer los límites que le son impuestos por la naturaleza de su objeto. (KELSEN, 1998)

Se presenta, de esa forma, una Teoría del Derecho "purificada de toda ideología política y de todos los elementos de la ciencia natural, una teoría jurídica consciente de su especificidad porque está conciente a la legalidad específica de su objeto" (KELSEN, 1998, p. 1). Esto, en la tentativa de aproximar el Derecho tanto como sea posible del ideal de toda la ciencia: objetividad y exactitud.

Así, "por obra del positivismo jurídico ocurre la reducción de todo el Derecho al Derecho positivo, y el Derecho natural es excluido de la categoría de Derecho: el Derecho positivo es Derecho, y el Derecho natural no es Derecho" (BOBBIO, 1995, p. 26).

Conviene, ahora, indicar el sofismo como el origen remoto de esta comprensión excluyente de las ciencias y, también del Derecho. Los sofistas (literalmente, "sabios") no se preocuparon con lo que una argumentación puede tener de justo o injusto, moral o inmoral. Para ellos el mundo humano aparece como creación del propio hombre. En ese mundo no existe un único principio que a todo comande, mas, apenas convenciones que los hombres establecen para después abandonar. Los valores y las verdades son considerados inestables y relativos. En ese sentido "*el hombre es la medida de todas las cosas*", por tanto, el mundo es aquello que el hombre hace y deshace por intermedio de los sentidos. Y, caso haya un principio único, el ser humano no puede conocerlo. Por medio de esa concepción, se separa el orden de las cosas naturales y la de los hombres. Una vez que la medida de todas las cosas es el hombre, su conocimiento está limitado por los sentidos, que cambian de uno para otro (lo que es dulce para algunos, por ejemplo, puede ser amargo para los demás). Así, si existe algún acuerdo entre los hombres, ellos no serían el resultado del conocimiento de una supuesta verdad absoluta, pero de simple "convención". De manera semejante, los modos de organización social (por ejemplo, el Derecho) y política no se derivan de un único principio de justicia y si de las convenciones creadas por los hombres de acuerdo con las circunstancias y las conveniencias (SIQUEIRA, 1999, p. 36-39)[12].

De ahí la idea de que los valores, por ser relativos y abstractos no tendrían utilidad alguna. La justicia, entonces, se hace derivar de la ley, cuyo contenido es resultado de una convención humana. Autores modernos, por ejemplo, Kaufmann (2002, p. 63), considerarían la sofística como el origen del positivismo científico, por considerar como "verdadero" aquello que el hombre es capaz de constatar y probar por medio de sus sentidos. Como consecuencia, sólo sería Derecho la norma positiva que es establecida mediante el acuerdo humano. Ciertamente, el Derecho como norma se presenta como un dato empírico, constatable y cierto que ha de prevalecer sobre cualquier forma de Derecho ideal o natural.

Así, lo que llamamos de "pecados del positivismo": significa la tendencia a considerar el Derecho como despojado de cualquier influencia externa, siendo la dimensión normativa la única capaz de legitimar las decisiones jurídicas.

2.4.2 Positivismo inclusivo

Una corriente contraria al positivismo formalista y excluyente realza la necesidad de la aproximación del Derecho de esas otras importantes áreas del saber humano, especialmente del iusnaturalismo y de la filosofía moral.

Se trata de una comprensión del Derecho que no es totalmente nueva, mas, que vino a destacarse, con más fuerza, después de la Segunda Gran Guerra, cuando los conceptos del Derecho natural se revigoraron, pasando la moral a convivir con las diversas ciencias. Esa nueva era estableció las bases para la constitución de lo que hoy conocemos como humanismo jurídico, se puede, así, introducir una concepción más refinada, en materia de Derechos humanos, Derechos fundamentales, etc. temas que se tornaron presentes en el discurso jurídico moderno y objeto de las legislaciones internacionales y nacionales.

Cuando decimos que no se trata de una comprensión totalmente nueva es porque ya en las obras de algunos filósofos y juristas se hicieron presente ese concepto inclusivo. Jeremy Bentham (1748-1832), por ejemplo, filósofo y jurista ingles que,

---

[12] "*El hombre es la medida de todas las cosas*". Afirmación de Protágoras (c. 485-410 a.C), considerado el primer sofista. Otros sofistas conocidos son Hípias (nascido en Élida en el siglo V a.C y Górgias (c. 487-380 a.C). Del primero es el Diálogo Troyano, sobre la educación de los jóvenes; el segundo, después de interpretar la obra de Parmênides, se dedica al lenguaje.

junto a John Stuar Mill y James Mill, idealizó y difundió el utilitarismo, procuraría por una teoría ética capaz de orientar el comportamiento humano, de cara a la felicidad: *la mayor felicidad para el mayor número*. Bentham fue el primero en introducir el término deontología (deon, deber + logos, ciencia) procurando definir, así, el conjunto de principios éticos que se aplican a las profesiones.

Siendo considerada su filosofía opuesta al racionalismo, se observa en la obra de Bentham una fuerte influencia de esta orientación iusfilosófica. Como enseña Bobbio (1995, p. 92), él tiene en común con los filósofos racionalistas la idea fundamental donde nace el iusnaturalismo: la convicción de la posibilidad de establecer una *ética objetiva*, esto es, una ética fundada en un principio objetivamente establecido y científicamente verificado, del cual se puedan deducir todas las reglas para el comportamiento humano. La diferencia entre él y los iusnaturalistas consiste únicamente en que su objetivo es localizar un principio fundamental y objetivo en la naturaleza del hombre, pues cada hombre busca su propia *utilidad*: la ética se torna así el complejo de reglas según las cuales el hombre puede conseguir la propia utilidad, buscando establecer leyes racionales válidas para toda la sociedad.

Es justamente la discusión sobre las cuestiones éticas y el interés en proponer una ética objetiva, fundada en principios, (y no sus críticas al Derecho común en denfesa de una codificación) lo que lo aproxima al positivismo inclusivo y lo distancia del positivismo excluyente. Si por un lado "criticaba la Declaración de los Derechos del Hombre y del Ciudadano (porque evocaba las concepciones del Derecho natural)" (BOBBIO, 1995, p. 93), por otro se refería a la "felicidad", a la "democracia" y a la "civilidad" (maximizar la felicidad), que, como sabemos, son conceptos totalmente subjetivos y abstractos: es ahí su principal contradicción.

Decimos, entonces, que el positivismo inclusivo se inspira en la necesidad de aproximar el Derecho a la moral y, fundamentalmente, a los valores y principios últimos y finales de la sociedad, preocupándose, así, el contenido ético-normativo y, también, axiológico del Derecho.

Cuando se habla en positivismo inclusivo, se indica la correlación necesaria e inseparable del Derecho con los valores morales. Debido a la importancia y actualidad de esta orientación, a seguir, pasaremos a examinar su fundamento.

2.5 Para un concepto moderno del Derecho

Hasta aquí examinamos que el Derecho admite diversos conceptos (ideas), concepciones y fundamentos. Su significación puede venir a tener influencias sociológicas (u ontológicas), formalista o normativa y moralista o valorativa, guardando esta concepción intensa relación como el positivismo inclusivo.

Es interesante notar que, aun existiendo una diversidad conceptual, en Brasil y en la mayoría de los países latinoamericanos domina la concepción positivista del Derecho, pues, en verdad el jurista moderno no abandona, y creemos que sería utópico desmerecer los criterios formalistas o normativos al decidir sobre un caso o conflicto social.

Es al jurista teórico y práctico procurar llegar al grado más alto de coherencia interna del sistema conceptual, de modo a contribuir a la manutención de la "seguridad jurídica", y sin abandonar la concreción de valores y, fundamentalmente de la justicia. Aquí está el embate entre "seguridad" y "justicia". La primera propuesta por el positivismo, la segunda herencia del jusnaturalismo.

En esa colisión, el Derecho se erige como un "sistema" definido dentro del marco de la propia convivencia social. A respecto de lo que consideramos "sistema", véase el capítulo 4 de la presente obra.

Así, toda significación del Derecho, de acuerdo con la perspectiva propuesta, puede ser reinterpretada y adaptada a los nuevos condicionamientos sociales. De acuerdo con Eso, podemos afirmar que, en el Derecho, nada está correctamente definido, pues, no existe un conocimiento unívoco.

En el caso de que el derecho es un conjunto de teorías y prácticas que tienen por objeto el orden normativo de una determinada realidad social, construida conforme a ciertos valores reconocidos como fundamentales y finales desesta realidad.

De esta forma, una Teoría del Derecho que se diga útil es aquella que alguna cosa nos dice a respeto de la estructura y de la función del Derecho, aquella que, para cualquier contexto, es capaz de proponer un determinado concepto y perspectiva universales que nos permitan entender la "Justicia como la propia finalidad del Derecho.

Así, como en los pozos hablar en Derecho justo en una sociedad injusta, también es el Derecho. En la medida en que los medios prescindir de su fundamentación valorativa, esto es, de una axiología que, como la define Miguel Reale, sería la "teoría de los valores concebidos como expresiones o modelos del deber-ser" (REALE, 2003, p. 124)

Así, para hablar del Derecho y de su ciencia es precepto el término en su dimensión universal, pues como leemos en Radbruch: "El concepto de Derecho es un concepto cultural, esto es, un concepto de una realidad referida a valores. El Derecho es la realidad que tiene el sentido de servir al valor jurídico, a la idea del Derecho. El concepto de Derecho se cumple, por tanto, en la idea del Derecho (RADBRUCH, 2004, p. 46-47).

Considerando la importancia de la perspectiva principiológica del Derecho, y sus principios como mera forma de expresar valores, deben aceptar el Derecho como un sistema, esto es, como una orden axiológica o teleológica de normas, principios y reglas (CANARIS, 2002: 77).

Proponemos, así, una concepción sistemática del Derecho que privilegia la norma, en correspondencia con los hechos sociales y sus valoraciones. Se puede, pues, afirmar que el Derecho es ciencia porque es un conocimiento sistematizado. Igualmente, el Derecho es justicia porque en su esencia se verifica la existencia de cualidades propias de la naturaleza humana: dignidad, respeto, igualdad, equidad, etc. Por otro lado, es poder por causa de su coacción expresada por medio de normas (e instituciones jurídicas). Es, finalmente, una representación de los hechos sociales, esto es, un producto histórico resultado de la evolución social y de experiencias vividas.

Por lo tanto, es importante definir el Derecho, a partir no de una concepción únicamente normativista o estructuralista, sino también teórica y práctica que, permitiendo la solución de problemas humanos, se usa de los recursos lógicos, sociológicos y axiológicos. Por lo tanto, como explica Ronald Dworkin (2003, 492), el Derecho no debe ser visto como un catálogo de reglas, sino como una actitud autorreflexiva de la comunidad.

Así, no hay separación radical entre teoría y práctica, pues el jurista teórico se preocupa también con el aspecto práctico del Derecho (ética práctica, validad, eficacia social, etc.). Los juristas prácticos invocan los recursos teóricos para resolver problemas prácticos (valores, principios, doctrinas y reglas). Trátase, por ejemplo, de una preocupación com cuestiones éticas que orienta el análisis de los institutos jurídicos, a partir de un concepto moral, y no únicamente del concepto legal, cuyo significado el jurista ya comprende (DWORKIN, 2002, p. 6).

Diversas posturas neoiusnaturalistas ya destacan la necesidad de romper con la perspectiva idealista y utópica de un Derecho que realizaría la paz y la igualdad con base en la fuerza y la imposición de una ideología que invalidaría la realización del ser humano a cambio de una orden estraña a los postulados de igualdad y de progreso social.

En suma, parece ser un equívoco intentar definir el Derecho únicamente a partir de su campo de acción ontológica, desconsiderando, así, sus aspectos axiológico y teleológico. Es obvio que la razón y la utilidad del Derecho están delineadas por su existencia (concepción estructuralista) y por su finalidad (concepción finalista). Por lo tanto, concluimos que el concepto moderno del Derecho es un producto intelectual que hoy en día es sometido a ampliaciones y adaptacciones, conforme a las condiciones y a las exigencias de la práctica jurídica. De cualquier forma y más allá de la diversidad, admitimos que el concepto del Derecho sea el punto inicial de cualquier Teoría del Derecho.

CAPÍTULO 3
FUENTES DEL DERECHO

En este capítulo nos proponemos abordar el tema de las fuentes del Derecho. Se busca, pues, responder a la siguiente questión: ¿Cuál es el origen del Derecho? Para inicio de discusión con el término "fuente" indicamos el conjunto de factores que dan origen al Derecho, esto es, el nacimiento del sistema y en el único del ordenamiento jurídico.

3.1 Teoría das fuentes do Derecho

El núcleo del presente capítulo es el estudio y la comprensión de las fuentes de producción del Derecho como sistema. He aquí, con efecto, más interespor ejemplo que el Derecho no nace de la nada. Se origina, erige y edifica de dos importantes fuentes del saber humano, por ejemplo, la empírica y la racional.

Para un mejor entendimiento del asunto, consideramos importante presentar las limitacciones de la concepción tradicional de las fuentes del Derecho. Así, sobre la base de un enfoque crítico, proponemos desconsiderar la utilidad de la clasificación de las fuentes que hasta hoy se enseña en los cursos universitarios.

3.2 Clasificación tradicional de las fuentes del Derecho

Son varias las posturas asumidas cuando se trata de clasificar las fuentes del Derecho. En verdad, innumerables son las clasificacciones propuestas por la doctrina que explican didácticamente los indicadores que pueden considerarse fuentes cognitivas y / o normativas del Derecho. Así, leemos en la obra de Kelsen (1998: 162-163) que tanto la facilidad como la costumbre son a menudo designados como las dos "fuentes" del Derecho, entendiéndose aquí por Derecho sólo el conjunto de normas de Derecho estatal. Pero, si se trata del Derecho internacional no podremos considerar como "fuentes" a aplicar, sino solamente la costumbre y el tratado.

En la modernidad, la doctrina, Generalmente, se coloca en primer plano un grupo importante de fuentes llamadas de primarias o principales, cuales sean: la Ley (CF, códigos y otros instrumentos jurídicos) y, en segundo lugar, se destacan las fuentes secundarias o, por ejemplo: jurisprudencia, costumbre, prácticas mercantiles, tratados internacionales, doctrina, principios generales del Derecho y el Derecho comparado.

Desde el punto de vista didáctico, para facilitar la comprensión del tema, proponemos la siguiente subdivisión:

a) Fuentes principales (o de aplicación prioritaria): La ley, fuente principal (o de primera mión) que debe ser invocada de forma directa e inmediata durante el proceso de interpretación y de acuerdo de los conflictos derivados de las relaciones jurídicas.

b) Fuentes secundarias (o de aplicación subsidiaria): Trátase de los recursos que indirectamente pueden ser invocados en la ausencia de regla o disposición prioritaria o subsidiaria. Tales sión: la jurisprudencia, los tratados internacionales, usos y costumbres, la doctrina, los principios generales del Derecho y el Derecho extranjero (comparado).

De acuerdo con Eso, en la solución de un determinado caso-problema (conflicto), es posible colocar a este grupo, siempre que la norma en vigor sea omisa, podrá ser invocada cuantos recursos. Pasaremos ahora a examinar, por separado, cada uno de estos recursos.

3.2.1 La ley como fuente de Derechos

El término ley común se utiliza para hacer referencia a una regla o conjunto de ella dictada por la autoridad estatal y tornada obligatoria para mantener un control social o como un conjunto de normas elaboradas e impuestas por el poder legislativo para garantizar la orden, la seguridad de un grupo o nación.

Se puede ver que, a diferencia de las leyes naturales, las leyes humanas (creadas por el hombre) abarcan un aspecto volitivo, propio de un grupo, clase o sociedad. Por lo tanto, la voluntad de un grupo se expresa en un documento o un conjunto de dispositivos que consagran las normas, los principios y las reglas que se observan en la tutela y el arreglo de conflictos sociales.

3.2.2 La doctrina como fuente del Derecho

La doctrina es vista como el conjunto de ideas, opiniones, criterios, etc. que se formulan sobre determinados asuntos que, siendo el resultado de estudios científicos desarrollados por diversos autores (tratadistas, historiadores o doctrinadores), sirven de base al sistema teórico jurídico; pues, facilitan la comprensión, la interpretación y aplicación del Derecho. Trátase del conjunto de ideas expuestas por los maestros en sus preleciones o por los juristas en los libros publicados y otros publicacciones especializadas. Sión las teorías sobre una cuestión jurídica controvertida. Es importante fuente de Derecho, tanto para su cognición como para su producción. Es, en la opinión de los jurisconsultos, donde el juez va a encontrar el Derecho a ser aplicado a determinado caso. Por ejemplo, en las casillas controvertidas de Derecho privado, el apor el a las obras de Puentes de Miranda, cuyas opiniones producen tribunales, son fuentes inestimables (ROQUE, 2006: 39).

La doctrina jurídica enseña María Helena Diniz (2001, p. 309-310),

> Es formada por la actividad de los juristas, es decir, por las enseñanzas de los profesores, por las opiniones de los jurisconsultos, por las opiniones de los tratadistas [...]. Así, la doctrina deriva de la actividad científico-jurídica, esto es, de los estudios científicos realizados por los juristas, en la análisis y sistematización de las normas jurídicas, en la elaboración de las normas de los conceptos jurídicos, en la interpretación de las leyes, facilitando y orientando la tarea de aplicar el Derecho, y en la apreciación de la justicia o conveniencia de los dispositivos legales, adecuándolos a los fines que el Derecho debe perseguir, emitiendo juicios de valor sobre el contenido de la orden jurídica, apuntando las necesidades y las oportunidades de las reformas jurídicas.

La Doctrina, formando el sistema teórico de principios aplicables al Derecho Positivo, es elemento constructivo de la Ciencia Jurídica a la que pertenece la disciplina en cuestión. La doctrina es que distingue las reglas que convienen al Derecho Público y al Derecho Privado, y más particularmente a cada uno de los sub-ramos del saber jurídico (MEIRELLES, 1996, p. 36).

Así, se habla de las doctrinas: brasileña y extranjera (por ejemplo, europea, latinoamericana, española, alemana, francesa, etc.), como conjuntos de criterios uniformes sobre determinados asuntos.

En el caso de que se trate de una de las fuentes del Derecho o si tal como en otras ciencias, una segunda dualidad entre la teoría pura y la teoría aplicada “, Entre” investigación “y” aplicación”.

Como se observa, las doctrinas jurídicas desempeñan un papel importante para todo estudioso del Derecho, como enseña Puentes de Miranda (1972: 39), tiende a hacer del Derecho la ciencia de la lógica individual que domina la masa y la opinión.

3.2.3 A jurisprudencia como fuente del Derecho

La jurisprudencia es considerada como el conjunto de las demandas de los tribunales (sentencias, normas y súmulas elaboradas por el Supremo Tribunal Federal), recursos importantes para la argumentación, interpretación e integración del Derecho. Observamos que, la jurisprudencia Generalmente se considera independientemente de la existencia o el de reglas. Es una tendencia que viabiliza la comprensión de la postura de los jueces en determinadas regiones o Estados, durante el proceso de arreglo de conflictos.

La jurisprudencia, traduciendo la reiteración de los juicios en un mismo sentido, influye poderosamente en la construcción del Derecho, que se resiente de sistematización doctrinal y de codificación legal. La jurisprudencia tiene un carácter más práctico, mal objetivo, que la doctrina y la ley, pero no por Eso se aparta de principios teóricos que, por su persistencia en los juzgados, acaban por penetrar e integrar la propia Ciencia Jurídica. Otra característica de la jurisprudencia es su nacionalismo. Mientras la doctrina tiende a universalizarse, la jurisprudencia tiende a nacionalizarse, por la continua adaptación de la ley y de los principios teóricos al caso concreto (MEIRELLES, 1996, p. 36).

3.2.4 La costumbre como fuente del Derecho

Usos y costumbres tienen una aplicación genérica en la resolución de conflictos. Así, se define la costumbre como:

> La práctica reiterada de determinado comportamiento por la mayoría de las personas que formen parte de un grupo social, con aceptación General, de tal forma que ese comportamiento se considere regla. Es de la repetción continuada de determinada práctica, que surge a la necesidad de su cuenta. (ROQUE, 2006: 37-38)

La costumbre ha perdido mucho de su importancia en la construcción del Derecho, desde la Ley de la Buena Razón (1769), que desautorizó su acogida cuando contrario a la ley, hasta la promulgación de nuestro Código Civil (1916), que declaró revocados los "usos y costumbres concernientes a las materias de Derecho Civil "reguladas (artículo 1.807). Persiste, sin embargo, y con gran prestigio, en el Derecho Comercial, que al admite expresamente desde que secundum legem (C. Comercial, arts. 130 y 133). (MEIRELLES, 1996: 36-37)

En el caso de que la ley sea omisa, el juez decidirá el caso de acuerdo con la analogía, las costumbres y los principios generales de Derecho. (Art. 4).

3.2.5 Los tratados internacionales como fuente de Derechos

Los documentos, convenciones, directrices y tratados internacionales, la globalización e internacionalización de los Derechos se centran en los procesos de elaboración, aplicación, interpretación y reglamentación legislativa.

Una determinada convención internacional puede incidir en la elaboración de ley nacional, constituyéndose en fuente, de Derecho interno. Es lo que ocurrió en 1985, cuando la Asamblea General de las Nacciones Unidas (ONU) adoptó los Derechos del Consumidor Así enunciados como Directrices de las Nacciones Unidas conferiéndoles legitimidad y reconocimiento internacional.

3.2.6 Los principios como fuentes de Derechos

Los principios generales del Derecho orientan el pensamiento jurídico, principalmente en el proceso de interpretación y integración de Derecho.

En cualquier forma, los principios generales del Derecho están por encima de todas las relaciones jurídicas, se extiende en su aplicación a todas las relaciones jurídicas, ya sean de orden público o privativo. Así, por ejemplo, "el principio" pacta sunt servanda (los acuerdos sión para ser cumplidos), se aplica a todos los tipos de compromisos, pero también als contratos y obligacciones empresariales". (ROQUE, 2006: 39-40)

Conforme enseña Cavalieri (2010, p. 139), en el proceso de interpretación, se aplican todos los principios, por ejemplo:

a) Se atiende más a la demanda de las partes que a la literalidad de la manifestación de voluntad (CC, art. 112);

b) Boa-fé e usos y costumbres sión rellevantes na interpretación das cláusulas contratuais (CC, art. 113).

Sin embargo, podríamos invocar una vez más la regla de la Ley de Introdución a las Normas del Derecho Brasileño. En el caso de que la ley sea omisa, el juez decidirá el caso de acuerdo con la analogía, las costumbres y los principios generales de Derecho (Art. 4).

3.2.7 El Derecho estranjero como fuente de Derechos

El Derecho extranjero, cuyo análisis se funda en el Derecho comparado es también fuente de Derechos, "fuente que ha sido resaltada sólo en los últimos años, principalmente después del surgimiento de la Unión Europea. Consiste en la comparación del sistema jurídico de varios países, buscando promover los institutos más loables, la interpretación comparada y la Asíilación del Derecho de un país por otro. En el marco de la Ley de Recuperación de Empresas, la comisión constituida en Brasilia en el tiempo del Gobierno Collor, encargada de su elaboración, tomó por base la ley francesa, a la ley vigente, -American y portugués, en una Combinación comparativa". (ROQUE, 2006: 40)

En cuanto al orden jerárquico de las fuentes se puede decir que la concepción positivista que rige en Brasil presenta la ley como la principal fuente del Derecho, tanto de producción, bien de cognición. Así pues, la ley prepondera como fuente y en su ausencia u omisión, las otras fuentes son invocadas. Esa jerarquía es reconocida legalmente, en un sentido general, conforme puede ser constatado en el citado art. 4º de la Ley de Introdución a las Normas del Derecho Brasileño.

La distinción entre los dos grupos de fuentes es nítida. Para especificar, son fuentes de primera mión los dispositivos del CDC y son fuentes de segunda mión los dispositivos del CC / 2002. En la elección de un dispositivo que no es propio del CDC se utiliza el método analógico. Se ve que la analogía puede ser aplicada a todas las ramas del Derecho, tanto que fue prevista en el art. 4º de la Ley de Introdución a las normas del Derecho Brasileño. La analogía, como método, también se aplica al Derecho, por ejemplo, [...]

> El propietario de un vehículo lo deja guardado en el puesto de estacionamiento, celebrando, Así, con el puesto un contrato de estacionamiento. ¿Si ese vehículo se incendia o se hurta, el puesto deberá indemnizar al propietario del vehículo? No hay ley que establezca esa recepción, por ser un contrato atípico. Así, ese contrato presenta muchos puntos de analogía con el contrato de depósito y con el contrato de prestación de servicio. Las normas de los contratos se aplican, entonces, al contrato de estacionamiento, debido a la similitud entre ellos. (ROQUE, 2006: 38-39)

A respecto de este ejemplo Rizzatto Nunes (2011, p. 669) acrescenta que se trata de una relación de consumo. Son, conforme o citado autor, "relaciones contratuales fáticas", conocidas como "comportamentos socialmente típicos" que generan Derechos y obrigacciones independentemente de la existencia de contrato escrito o verbal.

3.3 Para un nuevo concepto de fuentes del Derecho

El estudio de las fuentes del Derecho como sistema y en el único del Derecho, como orden normativo, posibilita la comprensión de los mecanismos de producción del conocimiento y los fundamentos de la práctica jurídica. Así, el estudio de las fuentes del Derecho en estos moldes nos prepara y auxilia en la cara de los recursos a ser invocados en el proceso de criación, de interpretación e integración del Derecho. Se puede, también, creer que el estudio de las fuentes del Derecho nos habilita para conocer los recursos basilares en el proceso de acuerdo de los conflictos jurídicos.

A diferencia del concepto positivista de "fuentes del Derecho", por el cual se afirma que "las fuentes del Derecho sión de los hechos o actos de los cuales el ordenamiento jurídico hace depender la producción de normas jurídicas" (BOBBIO, 1999, p. 45), por el concepto de fuente entendemos el conjunto de factores del cual se origina el Sistema de Derecho, esto es, el origen empírico-racional que propician la cognición del Derecho.

Tales son los presupuestos histórico-sociológicos, intelectuales y culturales que constituye el sistema de Derecho. Trátase, Así, de la matriz empírico-racional del sistema, que finalmente es el origen o causa generadoras de la ciencia del Derecho.

Decimos, entonces, que aquí nos proponemos discutir las fuentes del Derecho y en las fuentes del ordenamiento jurídico. Conviene advertir que la teoría de las fuentes abarca todo el sistema de Derecho y en el único ordenamiento jurídico, en conflicto, Así, con las preferencias de los ya citados autores Hans Kelsen (KELSEN, 1998) y Norberto Bobbio (BOBBIO, 1999). Al no considerar el Derecho como un conjunto de normas, optamos por una teoría de las fuentes que ciñe todos sus elementos componentes.

CAPÍTULO 4
ESTRUCTURAS DEL DERECHO

En el presente capítulo decidimos caracterizar la "estructura" del Derecho, esto es, la disposición de los elementos o partes que constituyen el Derecho como un "sistema" y la forma en que se relacionan entre sí. Este tema nos permitirá comprender las bases estructurales del Derecho y la forma en que las figuras jurídicas se relacionan.

4.1 Concepción estruturalista del Derecho

Con el término estructura designamos el conjunto de constructos y elementos que son del Derecho y que constituyen los bases de los sistemas jurídicos. Queremos, pues, responder a la siguiente cuestión: ¿Cómo se constituye el Derecho?

El punto de vista acogido en este capítulo a fin de constituir la idea: "Derecho como Sistema", es la concepción estructural del Derecho, por medio de la cual consideramos el conjunto de elementos que definen la realidad jurídica, aquella que puede ser estudiada, explicada, caracterizada, que alberga los problemas de los cuales los juristas se ocupan.

Así, nos noción meramente estructuralista nos ayudará a construir una definición del Derecho, como resultado de la epistemología que, durante mucho tiempo despertó y, aún despierta, un interés entre profesores y estudiantes, no sólo por formar parte de los contenidos de los cursos universitarios, sino por se vuelven presentes en las diferentes liciones y teorías del Derecho: doctrinas extremadamente importantes para la formación y el proceso del jurista moderno.

Pues bien, conforme a la noción estructuralista, el Derecho es considerado un Sistema que, como veremos, a continuación, está constituido de un conjunto de elementos esencial, cuya relación dialéctica designa lo que consideramos ser la realidad jurídica que puede y ha de ser objeto de estudio y investigación.

4.2 El Derecho como Sistema

El Derecho es un Sistema. Para mejor comprender esa afirmación presentamos, a continuación, la nos significación de "sistema".

Definimos "Sistema" como un conjunto de elementos (constructos) componentes dialécticamente relacionados y que se expresan como objeto o materia de una determinada ciencia o área del saber humano. Consideramos, pues, que el Derecho es un sistema que convive con otros tantos sistemas. Es un sistema abierto a otros sistemas. Por consiguiente, la teorización y la práctica jurídica no pueden ser expurgadas de aquellos sistemas afines como, por ejemplo, lo económico, lo educativo, lo moral, lo político, etc.

Algunos autores desarrollaron una noción de Derecho como sistema y más específicamente, como sistema abierto a otros sistemas. Así, por ejemplo, en la obra de Perelman (2004: 115-116), conferimos la idea de que el Derecho no es un sistema cerrado, esto es, Esolado del contexto cultural y social en el que se inserta. En ese sentido, enseña el citado autor,

> La capacidad del Derecho de funcionar como un sistema jurídico es enteramente dependiente de la inserción controlada de juicios de valor pre-jurídicos o al menos pre-positivos. Neñuna cuenta discursiva jurídica, por más elemental que sea, puede ser comprendida, cuando sometida a un examen más atento, sin un juicio de valor Así. El pensamiento en términos de valor no puede proporcionar una unión constitutiva Independiente, pero guía el esfuerzo de la dogmática a partir de sus presupuestos y permite controlar el carácter razonable de la acción: actos cuyo alcance no se reduce de modo alguno a su alcance sociológico hacia la política judicial.

En el mismo entendimiento, afirma Mario Bunge (1980, p. 176-177), el sistema jurídico, o sistema educacional y el sistema industrial de una comunidad son nada más que subsistemas sociales. Tales sistemas, afirma, son subsistemas sociales por que coexisten en una sociedad de la cual sea un subsistema. Por ejemplo, el sistema jurídico de una sociedad es un subsistema de la misma, caracterizado por las siguientes coordenadas: a) *composción*, jueces, abogados, procuradores, notarios, funcionarios judiciales, policía, etc.; b) *medio*, tribunales, escritorios jurídicos, prisiones y; c) *estructura*, conjunto de relaciones sociales consistentes en acusar, defender, investigar, etc. Así, continua nuestro autor:

> Toda sociedad, por primitiva que sea, tiene subsistemas. (Los principales son el económico, el cultural y el político. Los demás sión componentes deses

> tres). Por consiguiente, toda sociedad humana puede ser analizada en subsistemas, cada uno de los cuales desempeñando cierta función [...]. Y la composición total de una sociedad está distribuida entre sus diversos subsistemas. Más aún, cada miembro de una sociedad pertenece simultáneamente a varios subsistemas de la misma sociedad (los que no pertenecen a neñum, no pertenecen a la sociedad: sión los marginados). (BUNGE, 1980, p. 177-178)

De acuerdo con esa noción y, por ser una ciencia social, el Derecho puede ser entendido como un sistema autónomo, por ser constituido por elementos propios (doctrinas, institutos, ordenamiento y prácticas), o como un subsistema abierto a otros subsistemas, cuando es visto en el contexto de una sociedad que también se sabe constituida de otros tantos subsistemas.

El enfoque sistémico de las ciencias sociales es particularmente esclarecedor en lo que concierne a la estructura, sentido, función y lo que consideramos más importante el "diáluego" entre los sistemas y sus elementos. He aquí que: "cada sistema, por definir a su modo esas diversas nociones, Así como sus relaciones, será oportuno posicionarse en las controversias seglares y enunciar o presumiendo juicios de valor explícitos o implícitos". (PERELMAN, 2005, p. 448-449)

Ahora bien, para mejor comprender la noción de sistema, véase, a continuación, el siguiente diagrama.

SISTEMA JURÍDICO

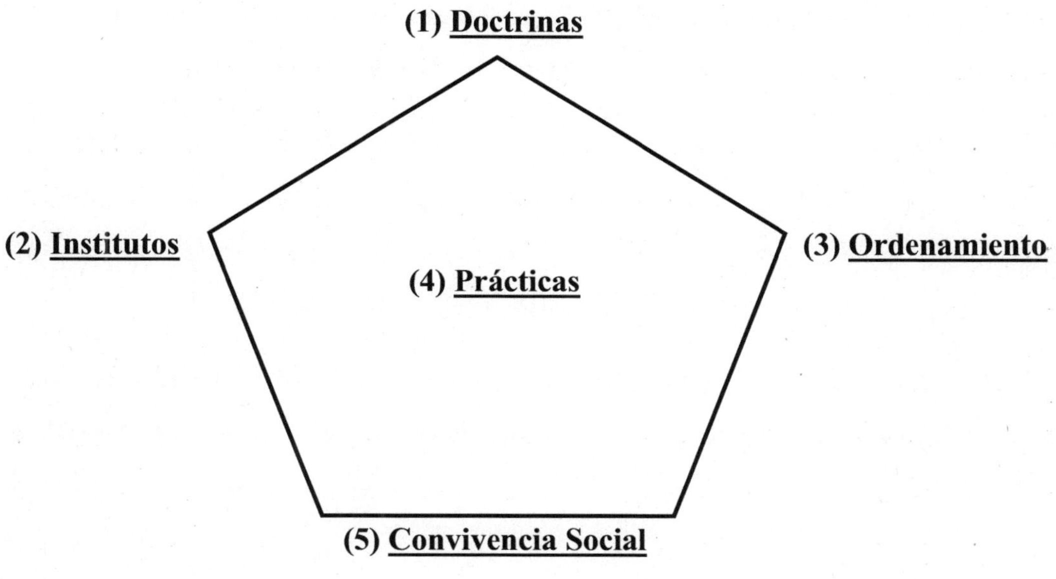

Con base en la interpretación del diagrama anterior, definimos el Derecho como la sistem sistemática y correlata de varios elementos componentes: doctrinas y prácticas que se desarrollan en función de la convivencia social. A continuación, nos proponemos estudiar cada uno de estos constructos o elementos componentes.

4.2.1 Doctrinas jurídicas

Definimos la doctrina como el conjunto de teorías y enseñanzas (tesis y argumentos) propios de un área del saber humano o ciencias, que sirve de base a su interpretación y práctica.

La doctrina jurídica, enseña Maria Helena Diniz (2001: 309-310), es consecuencia (o resultado) de la actividad de los juristas y consiste en enseñanzas y opiniones de los jurisconsultos y tratadistas. Así, la doctrina deriva de la actividad científico-jurídica, esto es, de los estudios científicos realizados por los juristas, en la análisis y sistematización de las normas jurídicas, en la elaboración de las normas de los conceptos jurídicos, en la interpretación de las leyes, facilitando y orientando la tarea de aplicar el Derecho, y en la apreciación de la justicia o conveniencia de los dispositivos legales, adecuándolos a los fines que el Derecho debe perseguir, emitiendo juicios de valor sobre el contenido de la orden jurídica, apuntando las necesidades y las oportunidades de las reformas jurídicas.

Toda doctrina tiene como objetivo significar una realidad. Como se ha visto, las doctrinas jurídicas son mucho variadas, esto, debido a la falta de uniformidad del concepto del Derecho. Por ese motivo, contamos hoy con innumerables doctrinas jurídicas con materia variada. Algunas tienen por objeto el estudio de la norma, otras el ordenamiento, los principios, las reglas, los institutos, la experiencia jurídica, etc.

Pero, independientemente del valor teórico y práctico de la doctrina, enseña Tércio Sampaio (1980, p.12), se cuestiona si es propiamente, una de las fuentes del Derecho o si tal como en otras ciencias, constituye una segunda dualidad que se sitúa entre “teoría pura “y” teoría aplicada “, entre” investigación “y” aplicación “.

De cualquier manera, las doctrinas pueden ser consideradas desde el punto de vista de su significado ideológico y desde el punto de vista de su significado científico. Como ideología, una doctrina tiende a afirmar ciertos valores ideales ya promover acciones. Como doctrina científica, su meta no es otro seno comprender la realidad real y darle una explicación. En el caso de las doctrinas jurídicas se colocan los siguientes (BOBBIO, 2001: 33): “Derecho como regla de conducta” (teoría normativa del Derecho), “Derecho como justicia jurídica” (teoría institucionalista del Derecho),

"Derecho como (el Derecho es una relación intersubjetiva, un fenómeno social que tiene origen en la sociedad), "doctrina estatalista del Derecho" (el Derecho es producto histórico de la formación de los grandes estados modernos), "doctrina comunicacional del Derecho" (el Derecho, es un hecho comunicacional), "Derecho como experiencia", etc.

Se nota, pues, que existen doctrinas diversas a la normativa, que consideran como elementos característicos de la experiencia jurídica hechos diversos de las reglas de conducta. Se sabe de dos teorías distintas de la normativa: el Derecho como género y el Derecho como relación. (BOBBIO, 2001: 28)

En suna, la doctrina jurídica como elemento importante del sistema, desempeña un papel fundamental en los procesos de enseñanza, investigación, interpretación y práctica jurídica; como enseña Puentes de Miranda (1972: 39), tiende a hacer del Derecho la ciencia de la lógica individual que domina la masa y la opinión.

4.2.2 Instituiciones jurídicas

Las instituciones jurídicas, muchas veces llamadas de institutos, son entidades, representadas en los términos (o conceptos) jurídicos que, por ser usados por los legisladores al instituir las normas, pasan a ser definidas por la doctrina, formando parte de la dogmática jurídica.

De acuerdo con Gregorio Robles (2005, pag 9) la dogmática viene desempeñando un papel capital que consiste en estructurar el Derecho en la medida de las más amplias que las simples normas. Las instituciones constituyen el centro del estudio y de la exposición dogmática, pues encarnan el espíritu concreto en cada tema dentro del panorama general del sistema. Estudiar un ordenamiento jurídico concreto es estudiar sus instituciones. Las instituciones jurídicas, continúa Robles, reflejan el ordenamiento jurídico, cuya función es regular jurídicamente aspectos concretos de la realidad social. En ese sentido, las normas no viven "aisladas". Ellas siempre forman parte de alguna distinción. Son instituiciones el matrimonio, la sociedad anónima, el municipio, el contrato, etc. En ellas prevalece el aspecto de organización, sea de un ente, sea de un tipo de acción.

Se nota que las instituciones se nos presentan como conceptos que simbolizan personas (grupo de personas: ej familia), actos (manifestación de voluntad que objetiva crear, modificar o extinguir derechos: ej. Contrato) o cosas (conjunto de cosas: ej. herencia).

4.2.3 Ordenamiento jurídico

Comúnmente los conceptos “ordenamiento” (orden) y “sistema” son usados, indistintamente, para indicar la misma cosa. Sin embargo, ambos conceptos son nítidamente distintos. Vale, aquí, hacer esa diferenciación.

Se puede afirmar que el concepto de “sistema” es mucho más amplio que el concepto de “ordenamiento”. Conforme a ese entendimiento, el “ordenamiento” (el ordenamiento jurídico normativo) nada malo es que una parte del Derecho que, junto y en relación con otros ordenamientos, puede llegar a ser materia de estudio y teorización. En este sentido, el propio concepto de “Ciencia del Derecho”, contrariando la tesis de Kelsen (1998: 50) y sus seguidores, a ejemplo de BOBBIO (2001, p. 23)[13], no tiene normas como único objeto. Por lo tanto, la materia (objeto) de la Ciencia del Derecho se constituye de estos elementos: doctrinas, institutos, ordenamiento y prácticas. La concepción unilateral de “ordenamiento” como objeto de la Ciencia del Derecho es originaria de los reduccionismos jurídicos y oriunda de la fragmentación de la realidad jurídica.

Así, la distinción propuesta entre “sistema” y “ordenamiento” parece preferible, tanto desde el punto de vista conceptual, estructural como también terminológico. Así, “Derecho” y “ordenamiento” son conceptos diferentes. El Derecho, como sistema, alberga un dado ordenamiento y, por ese motivo, es importante significar e investigar sus problemas.

Al igual que en este estudio, también entendemos por ordenamiento jurídico (u orden jurídico normativo) el conjunto de normas: principios y reglas que ordenan la conducta del ser humano en una determinada sociedad o contexto social. Un orden jurídico normativo es, consecuentemente, un tipo o modelo específico de orden social. El concepto es útil, pues nos permite comprender que dentro de una misma sociedad pueden subsistir varios tipos o modelos de órdenes, por ejemplo, el jurídico y el orden moral.

---

[13] Bobbio, enveredando sus obras *Teoría de la Norma Jurídica* y *Teoría del Ordenamiento Jurídico* por las sendas de la *Teoría Pura del Direcho* de Hans Kelsen (el Derecho como Regla de Conducta), también consideró el Derecho como un conjunto de normas, o reglas de conducta, siendo, por ese motivo la experiencia jurídica una experiencia normativa, en esta presente sección continuaremos sosteniendo la idea del Derecho como Sistema.

Se entiende, pues, ordenamiento como un contexto de normas. Bobbio (1999: 19-22), adoptando esa concepción, explica que el Derecho no es norma, sino un conjunto de ella. De ahí la teoría del ordenamiento jurídico que constituye una integración de la teoría de la norma jurídica. Para el autor, una definición satisfactoria del Derecho si nos colocamos en el punto de vista del ordenamiento jurídico.

4.2.3.1 Normas y ordenamiento

Conforme a la concepción normativa del Derecho, la norma jurídica es el elemento componente y principal del ordenamiento, el núcleo teórico, el "átomo" del ordenamiento jurídico. Así como la estrella está para la constelación y la célula para un ser vivo, la norma es la menor proporción (la materia) del ordenamiento, sin la cual no puede existir.

No toda norma es jurídica, algunas de ellas son morales, religiosas y otras tantas de etiqueta que, aun en el ser jurídicas existen para prescribir conductas: deben hacer o no hacer alguna cosa porque existe una prohibición o permisión. La norma jurídica también tiene ese sentido, siendo Así, ella es una "proposición prescriptiva" que objetiva la organización social. Así, afirma Robert Alexy (2011, p. 51-52):

> El concepto de norma es uno de los conceptos fundamentales de la Ciencia de Derecho, quizás el más fundamental de todos. Eso no significa que la utilización del término "norma" sea restringida a la Ciencia del Derecho. En el caso de las mujeres, en la Lingüística. El empleo del término "norma", en todos estos ámbitos, se caracteriza por la variedad de sentidos con que eso sucede, por el vagaje que el acompaña en todos esos sentidos y por las disputas que siempre suscita, disputas que son interminables cuando tal término es empleado fuera de su uso más obvio.

Pues bien, la organización social, debido a su complejidad, no se logra por medio de una norma, ella exige la existencia de varias normas cuya conexión constituye lo que se llama orden: orden normativa u ordenamiento jurídico. Así, el orden jurídico se nos presenta como una forma (o modelo) específica del orden social, cuyo elemento nuclear es la norma jurídica. En esencia, "la norma es la idea de que algo debe ocurrir y, en especial, de que un individuo debe conducirse de forma diferente" (KELSEN, 2000: 51). Es el recurso usado para corregir el comportamiento humano.

Al elaborar la norma jurídica, el legislador imputa a determinados hechos (hipótesis de hecho o previsión de una determinada situación) consecuencias jurídicas, utilizando reglas específicas y sanciones pertinentes. Por lo tanto, para formarse las reglas jurídicas, es necesario observar los hechos que serán sometidos al Derecho; que constituyen el primer elemento a analizar y poder ser: voluntarios, involuntarios, materiales, positivos, negativos, y por cualquier razón afectan a dos o más personas.

De la forma, las normas jurídicas de la facultad a determinados titulares por medio de las reglas jurídicas, indicando el deber de cumplir una unión que puede consistir en una actividad (dar, hacer o hacer algo).

Entre las características de las normas jurídicas destacan la generalidad y la abstracción. Ellas no son creadas o dirigidas para un caso concreto o determinado, sino a todas las hipótesis que pueden producirse dentro de los parámetros de la descrción realizada por el legislador.

La generalidad, afirma Emilio Beltrán (1995, p 48), radica en la idea de que toda norma es dirigida en el solo a una determinada persona, pero a todas aquellas que, durante el período de vigencia de la norma, se hallen dentro de la situación descrita. Por abstracción, también entiende el citado autor, la norma jurídica no puede ser dirigida a un determinado caso, sino que debe presentarse como un presupuesto General, que de respaldo a la distinción sustancialmente idéntica.

Así, las normas jurídicas son reguladoras de hechos o normas jurídicas. De esta forma, por su estructura, los fenómenos jurídicos pueden diversificarse en dos grandes categorías:

a) El hecho es un fenómeno de signo dinámico que se caracteriza por constituir un acontecimiento, una mutación o una distinción que se produce en el mundo de la realidad (por ejemplo, lluvia, inundación, nacimiento, pero también robo, acuerdo, etc.).

b) La situación es un modo de estado de vida, un estado especial de las personas o de las cosas. Es un fenómeno de carácter estático. Hay una situación jurídica cuando las personas o las cosas están de una determinada manera en la vida social que el ordenamiento jurídico evalúa y reglamenta. Son situaciones: el ser propietario, el ser deudor, el ser heredero, el ser mayor de edad. (DIEZ-PICAZO, 1995, p 139)

Como se observa, el Derecho (la norma) tiene como objeto la cuestión de los hechos que:

1 interesan a dos o más individuos;

2 son objetos del Derecho y, por lo tanto, están sometidos a él;

3 actúa como causa a voluntad (actos jurídicos) creadora del Derecho, o que se producen involuntariamente (hechos jurídicos propiamente dichos);

4 generan consecuencias impuestas y aplicables por la fuerza, en caso de en el cumplimiento o de inobservancia de la disposición normativa (la sanción).

Todo análisis jurídico se resume a la interpretación de las reglas jurídicas, en que se mezclan las políticas políticas, socioeconómicas y jurídicas, vinculándose al Derecho a una investigación conservadora (si aceptamos las cosas como son), o inutil (cuando suministra contribuciones).

La posición que debe ser adoptada por el investigacióndor o intérprete es precisamente la de innovar (crear), sea proponiendo la elaboración de leyes para eliminar las lagunas y deficiencias de las vigentes, sea suministrando un conjunto de bases legislativas para complementar las normas vigentes y, Así, conseguir un resultado diferente de los obtenidos por la comparación anterior.

Para el sentido común, el concepto "norma" representa aquello que se establece como base o medida para la consecución de una finalidad: prescrción, orientación o correción de una actividad o conducta.

Consideramos, pues, que la norma jurídica sea la medida que usamos para ordenar el comportamiento individual y colectivo en sociedad. Ella, la norma jurídica, se distingue de otras normas sociales: morales, de etiqueta, de juego, etc. entre otros aspectos, por su carácter coercitivo y su sanción evidente, pues ellas obligan desde que sean objetivadas o expresadas en proposiciones escritas, en la forma de principios y reglas.

Con efecto, la norma baliza todo el sistema jurídico, pues por medio de ellas se autorizan o prohíben conductas y se ordena la convivencia en sociedad. De esta forma, explica Norberto Bobbio (2001, p, 25):

> Estudiar una civilización Desde el punto de vista normativo significa, al final, preguntarse qué acciones fueron, en aquella determinada sociedad, prohibidas, cuales ordenadas, permitidas, en otras palabras, descubrir la dirección o las direcciones principales en que se conducía a la vida de cada individuo.

No hay duda de que la norma es un instrumento de realización de los valores y de arreglo de conflictos. "Se puede decir que no hay una norma jurídica que no deba su origen a un fin, a un propósito, a un motivo práctico. El propósito, la finalidad consiste en producir, en la realidad social, determinados efectos que son deseados por ser valiosos, justos, convenientes, adecuados a la subsistencia de una sociedad. (DINIZ, 1996, p. 24)

La norma se objetiva por medio de proposición jurídica (dispositivos o reglas), por lo tanto, cuando objetivada, esas normas se vuelven evidentes, pueden ser estudiadas, investigadas, actualizadas o revocadas. Por eso se afirma que "la norma jurídica se encuentra en el mundo de los objetos reales, es un objeto real susceptible de vivencia empírica". (DINIZ, 1996, p. 24)

En otro sentido, Humberto Ávila (2009: 30) afirma que la norma jurídica es el resultado de la interpretación y, por lo tanto, es producto de la integración del Derecho,

> Normas en el son textos ni el conjunto de ellos, sino el sentido construido a partir de la interpretación sistemática de textos normativos. De ahí se afirma que los dispositivos se constituyen en el objeto de la interpretación; y las normas, su resultado. Lo importante es saber de la existencia de correspondencia entre norma y dispositivo, el sentido de que siempre que haya un dispositivo habrá una norma, o siempre que haya una norma deberá haber un dispositivo que le sirva de soporte. En algunos casos hay norma, pero no hay dispositivo. Así, por ejemplo, cuando pensamos en los principios de seguridad jurídica y en la certeza del Derecho. Hay norma, incluso sin dispositivos específicos que les den soporte físico. En otros casos, hay dispositivo, pero no hay norma.

En suma, las proposiciones escritas (los dispositivos) son las bases objetivas (premisas) que adoptan diferentes formas o figuras jurídicas, por ejemplo, principios y reglas. Aprendemos, pues, que los valores y las normas se objetiva (expresan) en principios y reglas. Así, mirando el orden normativo, no faltan los que, en esta escala, consideran los principios como normas superiores.

4.2.3.2 Características de la norma jurídica

La norma jurídica, cuya característica es prescriptiva, es elaborada con la finalidad de establecer una orden social, dirigida a la evaluación de la conducta del hombre. Por medio de la norma y el conjunto de ellas, se espera inhibir y resolver jurídicamente los conflictos sociales.

Debido a su importancia, los estudiosos del Derecho se preocupan por el análisis y comprensión de las bases o fundamentos del orden normativo. Trátase del esfuerzo en comprender: a) la realidad empírica que ella regula (conjunto de hechos y fenómenos jurídicos); b) la dimensión conceptual que la define y denomina; c) los valores que hión de formar parte del sustrato de su cuenta.

El tema de la estructura y composción de las proposiciones jurídicas y más específicamente de la norma jurídica despertó un interesante debate protagonizado por importantes autores que observan la norma jurídica como un juicio hipotético o condicional, en el que se vincula un presupuesto (antecedente) a una determinada disposición consecuente o sanción.

A este respecto, Kelsen (1998: 54), por ejemplo, consideró que las normas jurídicas generales toman forma de enunciados hipotéticos. La sanción estipulada por la norma se estipula bajo condiciones. Una norma individual también puede tener esa forma hipotética. De acuerdo con el autor, existen normas individuales que no tienen carácter hipotético, por ejemplo, cuando una corte criminal establece que cierto individuo es culpable de algún delito y entonces le inflige a él una penalización, por ejemplo, dos años de reclusión, es con base en la norma general hipotética, que la corte crea la norma individual de que el acusado será privado de libertad personal por dos años. Esa norma es incondicional.

En cuanto a la distinción entre norma y enunciado normativo, Robert Alexy (2011, p. 54-55) ofrece un interesante ejemplo: "Ningún alemán puede ser extraditado" (artículo 16 de la Constitución alemana). Ese enunciado, conforme al citado autor, expresa la norma según la cual está prohibida la extradción de un alemán. Que está prohibido un alemán ser extraditado es lo que significa el enunciado "ningún alemán puede ser extraditado". Una norma es, por lo tanto, el significado de un enunciado normativo. La necesidad de diferenciarse entre enunciado normativo y norma puede ser percibida por el hecho de que la misma norma puede ser expresada por medio de diferentes enunciados normativos. Así, la norma según la cual es vedada la extradción de un alemán puede ser expresa, de otras formas: "está prohibido extraditar alemanes" o "alemanes no pueden ser extraditados". Eso hace, concluye Alexy, con que quede claro que el concepto de norma es ante el concepto de enunciado normativo, el concepto primario. Por lo tanto, es recomendable que los criterios para la identificación de normas sean buscados en el nivel de la norma, y en el nivel del enunciado normativo. Este criterio puede ser formulado con el auxilio de las modalidades deónticas, entre las cuales se mencionan, en este paso, sólo las modalidades básicas del deber, de la prohibición y de la permisión.

También Kelsen distingue entre la norma primaria y secundaria. De acuerdo con el autor, la norma secundaria estipula la conducta que la orden jurídica busca ocasionar al estipular la sanción. Así, la ley sería la norma primaria que estipula la sanción, y esa norma no es contestada por el Derecho del sujeto, el cual, por el contrario, es la condción específica de la sanción. Se sabe, Así, que el citado autor reformuló su opinión, de forma radical, a respeto de la cualificación de dos normas que, ligadas, describen una conducta (primaria) y una consecuencia jurídica (secundaria). Así se observa en la obra Teoría General de las Normas (KELSEN, 1986, p. 181).

> Si se admite que la distinción de una norma, que prescribe una conducta determinada, y de una norma que prescribe una sanción para el hecho de la violación de la primera sea esencial para el Derecho, entonces, se necesita calificar la primera como norma primaria y la segunda como secundario - y en el caso contrario, como fue por mí formulado anteriormente. La norma primaria puede, pues, aparecer completamente independiente de la norma secundaria. Pero es posible que una norma expresamente formulada, la primera, la norma que impone una conducta determinada Generalmente no aparezca, y sólo aparezca la norma secundaria, la norma que establece la sanción. De esta forma se formulan reiteradamente normas jurídicas en las leyes modernas.

Otros autores, sin embargo, prefirieron definir la estructura de la norma a partir de la noción de regla. Hart, por ejemplo, fue capaz de distinguir las reglas primarias de las secundarias, confirmando que las primeras imponen deberes positivos o negativos al individuo y las segundas otorgan poderes a los particulares o a las autoridades públicas para crear, modificar, extinguir o determinar los efectos de las reglas del tipo primario. Otro importante autor, Carlos Cosio, a su vez, vería la norma como un juicio disyuntivo del cual se derivaría una relación entre una endonorma, que establece una prestación que debe ser cumplida, y una perinorma, por medio de la cual se establece una sanción.

Las anteriores concepciones no se muestran totalmente contradictorias, coinciden al afirmar que, internamente, en las proposiciones prescriptivas se observa una relación entre un antecedente y un consecuente. Para mejor comprender dicha relación, se observan como ejemplos los siguientes: Si **P** es deudor, **P** debe pagar, pero si **P** no pagó, **P** debe ser afectado patrimonialmente (sanción). De ahí la fórmula adversativa: Si **A** (hecho jurídico), debe ser **B** (prestación), pero si en el **B** (prestación), debe ser **C** (sanción).

Se observa que el primer extremo (endonorma) se refiere al necesario cumplimiento de una dada prestación que puede consistir en dar, hacer o no hacer alguna cosa, esto es, acto que se prohíbe o se permite, mientras que el segundo (perinorma) representa sólo una consecuencia lógica que se deriva del cumplimiento de lo que previamente se preestableció.

En cuanto a entendimiento, la consecuencia jurídica sería vista como un modo de retribución por medio de premios y recompensas, consistentes en una afectación patrimonial (bienes) o en un castigo (sanción), cuando se trata de un mal o del cumplimiento de una idea de dar, hacer o hacer. Así, se discute sobre la existencia de tal sanción punitiva como un mal que sigue a la transgresión y de un premio como una consecuencia benéfica para el mérito.

En el análisis de la relación existente entre los elementos constitutivos de las normas jurídicas, Generalmente se considera suficiente verificar la existencia de presupuestos hipotéticos y de consecuencias jurídicas. De ese hecho, presupuestos hipotéticos y consecuencias jurídicas teóricamente serían los dos elementos constitutivos de las proposiciones prescriptivas.

Hay una buena razón para pensar que tales argumentos, evidentemente, repercuten en la comprensión epistemológica de las proposiciones del Derecho. Es por eso que, a continuación, decidimos hacer las siguientes observaciones:

La primera, la relación antecedente (endonorma) y consecuente (perinorma) no puede ser generalizada a todo tipo de proposición prescriptiva. En rigor, tal relación se limita a algunos tipos de normas, o sea, aquellas que toman como referencia al ilícito, tanto civil como penal, sin embargo, nada dicen de las normas creadas para reglamentar las consecuencias jurídicas positivas que se derivan: a) de las prestaciones que normalmente se cumplen; b) de los actos lícitos (matrimonio, contrato, testamento); o c) de los meros hechos (nacimiento, muerte, mayoridad).

En consecuencia, si, por un lado, el incumplimiento genera una consecuencia jurídica negativa para el deudor, por ejemplo: "no cumplida a cuenta, responde el deudor por pérdidas y daños, más intereses y cheques monetarios según índices oficiales regularmente establecidos y honorarios (por ejemplo, "el deudor que paga tiene derecho a la quitación regular, y puede retener el pago, mientras que no se le da "(Art. 319 del Código Civil Brasileño).

En el otro sentido, un hecho voluntario (acto jurídico) hace generar una consecuencia en el Derecho, es, crea, modifica o extingue una relación jurídica, ejemplos: a) el contrato de compra y venta, obliga a transferir el dominio de cosa (o,

Art. 481 del Código Civil Brasileño); b) la inscrción del acto constitutivo en el respectivo registro, precedida, cuando sea necesario, de autorización o aprobación del Poder Ejecutivo, hace iniciar la existencia legal de las personas jurídicas de Derecho privado (Art. 45 del Código Civil). Pero, también de un hecho involuntario (hecho natural) se derivan otras consecuencias, por ejemplo: la mayoría de edad habilita la práctica de todos los actos de la vida civil, la muerte hace extinguir la existencia de la persona natural y hace autorizar la apertura de sucesión definitiva, etc.

Segunda, la consecuencia jurídica puede tener un carácter diferente. En el orden del Derecho Penal, por ejemplo, puede consistir en una sanción por multa, privación de la libertad, privación de los Derechos y hasta en la muerte (en algunos sistemas jurídicos extranjeros). En el Derecho Civil, la consecuencia, Generalmente, consiste en una afectación patrimonial, por medio del resarcimiento de los daños o de la indemnización de los perjuicios, pudiendo también referirse a la ejecución forzosa del mando y, raramente, en la prisión por deudas de alimento. También, en el Derecho Civil, cuando se infringe un deber pasivo, puede aparecer una dada consecuencia. Se tomará como ejemplo la que consiste en la restitución forzosa de la cosa, en la medida del daño material o moral, en la indemnización de los daños o perjuicios.

Tercera, normas operativas se crean con el objetivo de establecer requisitos necesarios para la realización de determinados actos jurídicos, siendo el verdadero objeto de ellas el establecimiento de una suma de actividades que sera consideradas como una condición indispensable para la validez de los actos, derivandose de ello el respeto de los actos Derechos y la correspondiente abstención por parte de los demás ciudadanos, "La donación se hará por escritura pública o instrumento particular" (Art. 541 del Código Civil Brasileño).

Léase nota en cuenta que la consecuencia jurídica también se puede referir a la declaración de la ineficacia del acto jurídico realizado en oposición a un comando legal, por ejemplo: "Es nula la doación de todos los bienes sin reserva de parte, o renta suficiente para la subsistencia del donado "(Art. 548 del Código Civil Brasileño), pero también al restablecimiento de un Derecho.

Cuarta, casos en que, aún en el mismo artículo, el legislador, usando de varias proposiciones, por un lado, hace recobrar una situación o Derecho y, por otro, establece prohibiciones y consecuencias jurídicas desagradables.

Quinta, algunas veces la consecuencia jurídica puede consistir en el nacimiento o extinción de un Derecho como vimos en el artículo 2º y 6º del Código Civil Brasileño, otras veces la consecuencia jurídica puede consistir en un objeto distinto.

Sexta, se sabe, igualmente, que existen normas sin consecuencia jurídica evidente, esto es, sin sanción aparente o cuya sanción o consecuencia se establecen en dispositivos distantes del texto en cuestión.

Resumiendo, de acuerdo con los diversos efectos del Derecho y sus proposiciones, más que causa y efecto, o mejor, antecedentes y consecuentes, preferimos aquí insistir que en toda y cualquier proposición jurídica observamos la presencia de palabras y conceptos comunes y jurídicos que se ligan para referirse a una dada realidad, es decir, para describir, valorar o prescribir (proteger o reglamentar) determinado fenómeno o situación derivada de ella.

4.2.3.3 Contenido de la norma jurídica

Para que la norma sea aplicable es necesario que se materializen los elementos lógicos de su estructura: hipótesis o supuestos jurídicos, disposición y sanción o consecuencia jurídica.

En las hipótesis se expresa un conjunto de condiciones, cuya realización, o no, produce efectos jurídicos. Por eso, el hecho hipotético es considerado como:

a) un acto voluntario o comportamiento humano (acto jurídico) y;

b) un hecho natural involuntario que escapa de toda la cosa humana, o mejor, que se produce sin la intervención de la voluntad del hombre (hecho jurídico).

La disposición o mandamiento es la parte de la estructura lógica de la norma que expresa el comportamiento que se exige o se permite.

La sanción o consecuencia jurídica es la medida que se aplica a quien no cumple el deber establecido en la norma. La sanción significa el efecto que en el Derecho produce el cumplimiento o incumplimiento de las obligaciones, o la realización de las circunstancias previstas o establecidas en las hipótesis.

Sin lugar a duda, la doctrina no es unánime cuando estudia la estructura lógica de las normas jurídicas. Se nota que una concepción tradicional considera la norma (regla jurídica) construida con base a la relación de una ación o una omisión. Otros presentan la estructura de la norma considerando su visión externa (ley escrita) e interna (comando).

Así, por ejemplo, para Diez-Picazo (1995, p. 140) el elemento causal de la norma jurídica, el hecho hipotético (hecho jurídico) puede ser considerado como hecho simple y hecho complejo. Hechos simples son los que están formados por un solo elemento, como, por ejemplo, la muerte de una persona; sin embargo, los hechos complejos son los que contienen elementos diversos que requieren consecuencias de varios acontecimientos.

Este orden supone la posible existencia de actos jurídicos autorizados o prohibidos, al que se imputa ciertos efectos, representados por las garantías, limitacciones, reconocimientos y protección o tutela legal; o de hechos jurídicos, circunstancias que ocurran independientemente de la voluntad humana, pero que produzcan efectos o consecuencias jurídicas.

Sin embargo, para Habermas una norma sólo puede “aprender” una situación compleja del mundo de la vida en términos selectivos, esto es, en la perspectiva de la relevancia que la propia norma se encarga de fijar previamente. El estado de cosas constituido por la norma nunca agota el vago contenido semántico de una norma general. Es una descrción evidentemente circular que señala un problema metodológico que toda Teoría del Derecho tiene que esclarecer. Independientemente de la relación circular existente entre las normas jurídicas y el estado de cosas, las valoracciones jurídicas parecen ser decisivas como variante de interpretación y referencia a los hechos. De acuerdo con el autor, las normas y valores se distinguen, pues, primer, por la referencia que, respectivamente, hacen la ación “deontológica”, o sea, la ación sujeta a obligacciones, ya la ación teleológica; segundo, por la codificación, binaria y gradual de su pretensión de validez; tercero, por el tipo de carácter vinculante, absoluto en el caso de las normas, y relativo en el caso de los valores; y, cuarto, por criterios que satisfacen los sistemas de normas, por un lado, y los sistemas de valores, por otro. Eso porque las normas y los valores se distinguen en sus propiedades lógicas y de aplicación. Así, los principios o normas de orden superior, por medio de los cuales se pueden justificar otras normas, tienen un sentido deontológico. Los valores tienen un sentido teleológico.

Sobre la distinción entre norma y enunciado Jürgen Habermas (1996, p. 33, 206, 207), en su obra La lógica de las ciencias sociales, también recoñerá que los enunciados por medio de los cuales aceptamos o rechazamos, aprobamos o reprobamos normas sociales sión "Proposiciones" que no pueden ser empíricamente ni verdaderas ni falsas. Tales juicios toman por base el conocimiento y / o la responsabilidad. Ahora bien, el sentido de las normas sociales no depende de las leyes fácticas en la naturaleza, el contenido normativo de los juicios de valor no puede deducirse del contenido descriptivo de las constataciones de hechos, tampoco el contenido descriptivo puede deducirse del normativo. Así, concordando con Hare, Habermas reafirma que en este modelo, las esferas del ser y del deber están estrictamente separadas, las oracciones del lenguaje descriptivo no pueden traducirse en un lenguaje prescriptivo. Los juicios de valor, afirma el citado autor, no pueden nunca legítimamente tomar la forma de enunciados teóricos o asociarse en un complejo concluyente.

Habermas considera existir una crítica acerca de la aceptación de proposiciones o juicios, que incluye un triple uso del lenguaje: el descriptivo, para describir estados de cosas; el postulatorio para fijar reglas de procedimiento; y el crítico para justificar cuentos de cuento. Esas formas de lenguaje se presuponen unas y otras lógicamente. El uso descriptivo no se restringe aquí a una determinada clase de hechos; el uso postulatorio comprende la fijación de normas, de criterios y de conveniencia de todo tipo, ya sea reglas prácticas, lógicas o metodológicas. El uso crítico utiliza argumentos para sopesar, valorar, juzgar y justificar una dada elección. De esa forma, ningún enunciado acerca de lo real es suceptible de examen racional sin que quede explícito un nexo entre argumentos y actitudes. De acuerdo con el autor, el lenguaje universal tiene una estructura atomística: toda proposición compleja puede reducirse a proposiciones elementales. Así, los valores de verdad de las proposiciones dependen de los valores de verdad de sus argumentos.

Para Habermas (1996, p. 55, 213), el valor descriptivo de las informaciones científicas, por ejemplo, está fuera de toda duda; pero en el debian entender tal valor como un reflejo de los hechos y de las relaciones entre hechos. El contenido descriptivo sólo es válido por hacer referencia a pronósticos. De ahí que todas las respuestas que las ciencias experimentales puedan dar son relativas al sentido metodológico de su problema. A pesar de la distinción entre proposiciones normativas y científicas, el autor afirmaría que un comportamiento gobernado por normas no es igual a un comportamiento gobernado por las leyes de la naturaleza. Una norma puede ser quebrantada, una ley de la naturaleza no puede ser cambiada en absoluto. Una norma puede ser correcta o incorrecta; una supuesta ley de la naturaleza queda refutada cuando sus pronósticos resultan incorrectos.

Y en el caso de que se trate de un determinado estado de cosas que puede expresarse en una oración enunciativa. Pero ese contenido enunciativo exige una ulterior calidad: cabría preguntar si es verdadero o falso. Por lo tanto, afirma el autor, cuando tales pensamientos se convierten en objetos ideales, las relaciones entre los mundos, tanto la relación de exposición de hechos, como la relación de apreensión y valoración de pensamientos, designan arduos problemas aún en los resueltos por la semántica formal.

Para nuestro autor, en la práctica comunicativa contemporánea entran en juego todas las funciones que el lenguaje, esto es, todas las relaciones que el lenguaje guarda con el mundo, de suerte que la visión de validez se amplía junto a las pretensiones de verdad proposicional. Así, el lenguaje aparece como fuente primaria de integración social. Por lo tanto, el proceso de producción de normas constituye el sistema jurídico y, por tanto, el auténtico lugar de la integración social, lo que hace que, en principio, todas las normas y valores queden expuestos a un examen crítico. Habermas entiende por sistema jurídico, en sentido amplio, los sistemas de ación jurídicamente regulados por medio de normas, en los cuales un ámbito nuclear de colectivo privado-autónomo de actos jurídicos constituye, en términos de Derecho reflexivo, las normas jurídicas materiales.

a) El hecho social como contenido normativo

Ya hemos visto que el concepto sociológico del Derecho se funda en las regularidades factuales, en el empirismo, en la experiencia, se privilegia, Así, la concepción fenomenológica del Derecho.

Pues bien, la concepción fenomenológica del Derecho propone que se encare el fenómeno jurídico como un "hecho social" que condiciona sus manifestaciones. De acuerdo con la fenomenología jurídica las realidades sociales condicionan el orden jurídico. El Derecho está condicionado por las realidades del medio en que se manifiesta. El fenómeno jurídico es, Así, reflejo de la realidad social subyacente, pero también hecho condicionante de la realidad. Tal estudio, por lo tanto, corresponde al examen del enfoque sociológico de la realidad jurídica: se presenta el objeto de su estudio como la dimensión social del fenómeno jurídico. El Derecho, Así concebido, sería un instrumento institucionalizado de mayor importancia para el control social. (MIRANDA ROSA, 1977, p. 36, 41, 53)

Surge, Así, el problema de la significación de la fenomenología y, consecuentemente, de la dimensión fenomenológica del Derecho.

La fenomenología puede ser significada como el estudio descriptivo de los fenómenos, desarrollado por medio de métodos que nos permiten la caracterización y explicación de las relaciones existentes entre los elementos objeto de interés a la determinada área del saber humano. De este modo, el abordaje fenomenología se define como la investigación descriptiva pura de las vivencias. Es una investigación que busca la fundamentación última del conocer que sólo puede ocurrir a partir del abordaje de los actos del conocimiento. Esto significa: no se contenta el filósofo (o el jurista) con las palabras, pero desea retomar las propias cosas. Siendo esas últimas dadas en vivencias, esto es, actos intuitivos, el mundo psíquico se manifiesta como instancia a la que los objetos si los datos de diferentes modos y la conciencia se convierte en instancia constitutiva del mundo objetivo. De ahí el papel importante en la fenomenología es desempeñado por la que permite abstraer la aceptación tácita de la realidad del objeto para simplemente aplicarse a las operacciones realizadas por la conciencia. (HUSERL, 2001, p. 16-17)

En el intento de caracterizar la ciencia jurídica, esa comprensión filosófica, pasaría a formar parte de su fundamento, esto es, del fundamento fenomenológico del Derecho que tendría como bases la experiencia jurídica. Por lo tanto, surge el problema de situar el fenómeno jurídico dentro y fuera de la esfera social, pues, en el mundo jurídico la experiencia ocupa un lugar importante.

Se hizo reluente para los estudiosos del Derecho, la experiencia jurídica. Al explicar tal preponderancia, Luis Díez-Picazo (1999: 5-22) afirmaría que "el Derecho es fundamentalmente un conjunto de experiencias vividas". Según el citado autor, el Derecho descansa en las experiencias existenciales, esto es, en las decisiones que toman como base conflictos de intereses. En ese sentido, el Derecho se aplica a diferentes hechos, actos y motivos. El Derecho se ocuparía, en rigor, de un conjunto de conflicto que debe recibir una solución, la correcta o la mala aceptación.

De este modo, para el citado autor, el Derecho es algo que se produce dentro de la vida social, o mejor, en un sector de la vida social. La experiencia jurídica es, una concreta experiencia de conflictos de intereses que existe mucho antes de existir un texto constitucional, un código civil o una unión. Se podría decir que los conflictos de intereses son el principio de todo orden jurídico. Un conflicto de intereses existe, continúa Luis Díez-Picazo, cuando entre dos o más personas se origina una situación de tensión o de incompatibilidad en sus cuentas o en sus aspiraciones con respecto a los bienes vitales que les satisfacen. El conflicto de intereses puede surgir varias veces revestido bajo el ropaje de un conflicto ideológico. Este existe desde que dos o más personas o grupos de personas entran en colisión o lucha abierta porque mantienen ideas distintas (por ejemplo, guerra entre religiones). El conflicto ideológico puede ser un pretexto para encubrir o justificar un subyacente conflicto de intereses.

Conforme esa concepción, el Derecho puede ser considerado un *fenómeno social (o ciencia empírica)* del cual resulta su organización, un criterio fundamental para distinguir una sociedad de otra. En el caso de los fenómenos jurídicos, por ejemplo: dinámicos y estáticos y las proposiciones los representan. Existe una dialéctica entre el "fenómeno social" y el "fenómeno jurídico" que caracterizará al Derecho como resultado de los nexos existentes entre la sociedad de los fenómenos jurídicos, por ejemplo: dinámicos y estáticos.

En el plano doctrinal, Díez-Picazo (1999: 5-22) considera que el conflicto existe cuando, sobre un objeto idéntico, que es propiamente un bien de naturaleza física o un bien cultural, apto para satisfacer necesidades o aspiracciones, dos o más personas ocupan posiciones y mantienen posturas antagónicas o incompatibles. Conforme explica el autor, el conflicto es precisamente una situación social nacida de un choque de intereses. Por ejemplo: cuando dos personas pretenden ser al mismo tiempo propietarios de la misma cosa. En consecuencia, la vida en sociedad sería la materia jurídica constituida por un emarañado de actos y de comportamientos (o conductas) de los hombres y de una serie que se presentan como el punto inicial y final de los actos y comportamientos. En este contexto importa, por ejemplo: cuales son las experiencias y fenómenos jurídicos los que deben considerar como primarios y cuál es la razón por la que determinado hecho de la vida social puede ser calificado de jurídico.

Pues bien, la fenomenología jurídica busca responder a las siguientes cuestiones: ¿Qué es un fenómeno jurídico? ¿Cómo pueden diferenciar el fenómeno del hecho jurídico? ¿Cuales son las relaciones existentes entre el fenómeno estático y el fenómeno dinámico?, etcétera.

En la búsqueda de esas significaciones, se tornó relevo la caracterización del objeto de conocimiento el sistema de normas positivas, o sea, las normas incidentes en los hechos naturales y sociales, y los hechos naturales y sociales como calificados por normas. (VILANUEVA, 2000: 16)

En el análisis de los elementos que sostienen la concepción fenomenológica, se concluye que no puede haber norma jurídica sin configuración por tipos (tipificación) de las actitudes de hecho, visto como de todos los aspectos de la vida social, el Derecho sorprende y fija sólo los que se refieren a sus problemas de organización y de composición. (BETTI, 1969: 58)

Por consiguiente, el fundamento fenomenológico del Derecho ganó fuerza en la medida en que se pretendió realzar el valor de las fuentes sociales del Derecho. De acuerdo con esa perspectiva "la existencia y el contenido del Derecho en una sociedad determinada depende del conjunto de hechos sociales, esto es, del conjunto de acciones de los miembros de esa sociedad". (MORESO, 2004: 45-62)

Es, a partir de una perspectiva fenomenológica, que se desarrolla una lectura de los problemas jurídicos. Se utiliza, Así, el término "fenomenología" para indicar el estudio descriptivo de los fenómenos jurídicos manifestados en la dimensión factual del Derecho. Esa concepción, sin embargo, trata de la relación posible entre el lenguaje y la realidad, nexo que no se desdobla en una jerarquía de niveles articulados por una sucesión de pasajes causales, la articulación entre ellos es otra; las palabras, conceptos y proposiciones sólo existen como elementos del discurso (contexto), sólo en el interior de una totalidad mayor (un discurso articulado), un conjunto de proposiciones articuladas que tienen sentido como un todo y que traen referencias a la realidad.

Importaría Así, comprender el sustrato de las relaciones jurídicas ora expresa en normas (un lenguaje que exige interpretación). La tesis del sustrato social o fenomenológico del Derecho tiene como base las siguientes premisas:

- toda relación jurídica tiene su origen en las relaciones sociales;

- la relación jurídica implica una relación de poder o social.

Así, al hacer depender el Derecho de los hechos, la máxima (o aforismo) "del hecho se origina el Derecho" [Exito, oritur ius] se convierte en una unión principal para el jurista. Se intenta, de esta forma, indicar para el Derecho de la mano de obra preexistente y fundada en las propias relaciones sociales y económicas.

Se concluye, pues, que la noción del fenómeno jurídico se apoya en la idea de que el Derecho nace de la realidad factual, esto es, de la experiencia que la contemplación nos proporciona: contemplación atenta del mundo exterior, el cual se suele llamar "fenómeno legal". En este sentido, el fenómeno jurídico es un fenómeno expresado en el modo de vida, en el modo de realización de la vida humana. Se trata de las diversas normas jurídicas que ocurren en el día a día; por ejemplo, el aumento del divorcio, la informalidad económica, la criminalidad, etc.

En suma, el hecho social es considerado como hecho jurídico: a) en sentido amplio, cuando se refiere a un hecho natural (por ejemplo, la mayoría de edad, las causas telúricas, la muerte, el nacimiento, etc.); b) en sentido estricto, cuando se refiere a un hecho humano generado por acciones humanas voluntarias y en las cuales la voluntad, en determinadas ocasiones, no es relevante (por ejemplo, la usucapión, el hallazgo, la servidumbre, los ilícitos culposos) y; c) como acto jurídico, aquel en que la persona es esencial.

Trátase que el legislador no crea realidad alguna, pues ella ya existe. En este caso, como creador del Derecho, sólo se limita a excluir algunos presupuestos para considerar otros mal o menos importantes. Por ejemplo, cuando el legislador sanciona el derecho de una persona sobre una cosa, indirectamente lo hace partiendo de la organización de otras relaciones jurídicas, ya que su objetivo es ordenar el respeto del Derecho absoluto.

Sin embargo, al analizar la estructura de la norma jurídica, se destaca la prohibición o autorización de lo que se debe o no se debe hacer.

En fin, toda norma jurídica vincula a una hipótesis hecha, una determinada consecuencia jurídica que sería su efecto. En este sentido, la norma abarca un deber jurídico (conducta) o un hecho involuntario, para los cuales existe una serie de consecuencias. La consecuencia en una sanción jurídica se refiere al propio efecto que la ley atribuye al hecho hipotético (ejemplos: correción monetaria, multa, tasas de intereses por demora). En el caso de las reglas dirigidas a crear instituciones, su verdadero objeto no es el establecimiento material de estas instituciones, sino la suma de actividades de sus sujetos y la abstención por parte de los demás de todo acto que estorba las facultades de estos sujetos.

b) La conducta humana como contenido normativo

Con efecto, una orden normativa es una forma específica de orden social, cuya naturaleza es prescriptiva. En su ya citada Teoría Pura del Derecho, Kelsen (1998: 17, 23) explica que, en la medida en que el ordenamiento jurídico es una orden social, sólo regula, de una manera positiva, la conducta de un individuo con relación a otro o a otros individuos. Así pues, continúa el autor, un orden normativo que regula la conducta humana en la medida en que ella está en relación con otras personas es una orden social. La Moral y el Derecho son órdenes sociales de este tipo.

El carácter prescriptivo (y coactivo) del ordenamiento jurídico normativo está en el hecho de cohibir, reprimir e inhibir conductas consideradas indeseables y contrarias a la convivencia. Pues bien, el orden social tiene como función prescribir una determinada conducta humana, y en el caso del ordenamiento jurídico, establecer consecuencias positivas y negativas. En las palabras de Kelsen (1998: 17), estatuir una determinada conducta humana y simultáneamente conectar a esa conducta la concesión de una ventaja o desventaja, un premio (o recompensa), una pena (o castigo), tales expresiones ventaja, desventaja, premio, recompensa, pena y castigo puede comprenderse en el concepto de sanción. Y que,

> un orden social puede -y este es el caso de la ordenación jurídica- prescribir una determinada conducta precisamente por el hecho de ligar a la conducta opuesta una desventaja, como la privación de los bienes arriba mencionados, o sea, una pena en el sentido más amplio de la palabra. De esta forma, una determinada conducta sólo puede ser considerada, en el sentido de orden social, como prescrita - o sea, en la hipótesis de una orden jurídica, como jurídicamente prescrita - en la medida en que la conducta opuesta es presunción de una sanción (en el sentido estricto). Cuando una orden social, tal como la ordenación jurídica, prescribe una conducta por el hecho de estatuir como debida (debiendo ser) una sanción para la hipótesis del comportamiento opuesto, pueden describir esta situación diciendo que, en el caso de verificar una determinada conducta, se debe seguir determinada sanción. Con esto ya se afirma que la conducta condicionante de la sanción está prohibida y la conducta opuesta es prescrita. El ser-debida de la sanción incluye en sí el ser-prohibido de la conducta que es su presupuesto específico y ser prescrito de la conducta opuesta. En el caso de que se trate de una "conducta" o "ser" prohibida "de una determinada conducta se significa en el ser debida de esta conducta o de la conducta opuesta, pero el ser debida de la consecuencia de esta conducta, esto es, de la sanción. La conducta prescrita no es la conducta debida; debida es la sanción. El ser prescripto una conducta significa que lo contrario de esta conducta es presunción del ser-debida de la sanción. La ejecución de la sanción es prescrita, es contenido de un deber jurídico, si su omisión se convierte en una sanción.

El Derecho es una forma de reflejar la realidad social, pues es el producto de la cultura de la sociedad. En este sentido, las normas jurídicas y su interpretación no pueden estar divorciadas de la realidad social y económica que inspiró su creación, pues la falta de integridad del Derecho afecta también su eficacia social.

Como ciencia social, el Derecho estudia la actividad del ser social y, por lo mismo, junto a los factores sociales, la doctrina y la jurisprudencia se consideran factores decisivos durante el proceso de interpretación de las leyes.

Por ser el resultado de experiencias sociales el Derecho (hecho norma) se transformó en orden normativa reguladora de la conducta humana y, de acuerdo con el desarrollo de la sociedad, dicho sistema se transformó en instrumento de garantía de los intereses sociales. En este punto, la realidad social impone cambios resultantes de la evolución social.

Así, el fenómeno jurídico se expresa en norma jurídica impuesta por el Estado en la sociedad y está vinculado a las leyes más generales del desarrollo social, estando a las relaciones jurídicas, por esta razón, insertadas en las condiciones materiales de la vida.

El Derecho como fenómeno social es el reflejo de la base o estructura económica de la sociedad compuesta por la forma de propiedad, encontrándose junto a él: la política, el arte, la moral, la religión, la filosofía, la ética, etc. La realidad social, como realidad prevista por el ordenamiento jurídico, toma el carácter de realidad jurídica. La existencia del ordenamiento jurídico obliga a una combinación de la realidad social en dos sectores: el primero, organizado, regulado y disciplinado por las normas y el segundo, de que las normas no se ocupan por no considerar necesario una justa paz de la sociedad comunidad. La nota diferencial tiene que encontrarse en la necesidad de ordenación de la realidad, por lo que el matrimonio es una relación jurídica y la amistad una relación social. (DIEZ-PICAZO, 1995, p 137-138)

El Derecho y la sociedad existen dentro de una relación dialéctica de causa y efecto; por esa razón, el texto legal tiene que adaptarse a las vivencias prácticas ya la riqueza de las relaciones sociales y económicas.

Así, el fenómeno jurídico es todo acontecimiento vital al que el ordenamiento jurídico vincula una determinada cuestión. El fenómeno jurídico es, en primer lugar, un acontecimiento, o mejor, algo que sucede o que sucede en el mundo de la realidad. Es un acontecimiento vital. Constituye un modo de ser o un modo de vivir dentro de un grupo social. Sin embargo, podemos definir las instituciones jurídicas como conjunto de normas de Derecho, disponible, para ser aplicado a todos los casos de la misma naturaleza. (DIEZ-PICAZO, 1995, p 139)

En resumen, la representación jurídica está condicionada a la norma que, a su vez, es el resultado de la realidad social. Por eso mismo, y de forma indirecta, al investigar el Derecho, y al interpretar las normas jurídicas, estaremos conociendo y evaluando el nivel de desarrollo de la realidad social. Se verifica, por lo tanto, que el Derecho como fenómeno social es el objeto mediato de la interpretación jurídica.

La relación jurídica es la relación de Derecho correspondiente a un vínculo social o económico concreto, establecido entre dos o más individuos en el momento de la satisfacción de ciertos materiales o espirituales, pero derivada de hechos voluntarios o involuntarios que afectan a dos o más personas y conducen a la de la norma legal adecuada al caso ocurrente.

En el caso de los Estados Unidos de América, y los Estados miembros de la Unión Europea (UE), por eso mismo, toda relación jurídica tiene su origen en los hechos jurídicos.

En este contexto, las relaciones jurídicas son objetivas por manifestarse en la actividad de cada ciudadano y tienen una reflexión subjetiva cuando se expresan en la forma jurídica como un Derecho. El contenido patrimonial de la justicia jurídica está en su esencia económica que está ubicada en la producción social y en las relaciones de producción que se forman entre los hombres. Las relaciones jurídicas de obligacciones, por ejemplo, representan la forma jurídica principal de medir las relaciones económicas.

En principio, es común definir las relaciones jurídicas como las relaciones sociales o vitales de las personas, como reconocidas o reguladas por el Derecho objetivo o por el ordenamiento jurídico y mientras se extraen efectos o consecuencias jurídicas.

Se destaca que la relación se establece entre dos personas o más. (DIEZ-PICAZO, 1995, p 141)

Se observa, por tanto, que las diferentes relaciones sociales adquieren forma de relaciones jurídicas en la medida en que son reguladas por el Derecho. Así, la relación jurídica puede ser definida como el vínculo de Derecho existente entre dos o más sujetos, por el cual unos tienen facultades y otros deberes u obligaciones.

En esencia, "el jurista, Así, capta el Derecho en un procedimiento de incidencia, o sea, en la imputación de normas a normas sociales actuales o potencialmente conflictivas. Entre la norma y la situación en conflicto hay, pues, un procedimiento. La relación entre la norma y la situación es mediata. Este conjunto - normas, procedimiento, situación - compone el fenómeno de la aplicación. Se aplica el Derecho, por un procedimiento, a la realidad social". (SAMPAIO, 1994, p. 96)

La relación jurídica existe conformada por el poder jurídico (Derecho o facultad) y la agencia. Por eso, en las relaciones jurídicas algunas personas se consideran titulares de Derechos (acreedores) y otras deudoras.

La función de la ciencia jurídica, afirma Tercio Sampaio (1994, p. 101), es descubrir el significado objetivo que la norma confiere al comportamiento. Pero ¿cuál es el criterio para operar esa descripción? Kelsen afirma que él se ubica siempre en alguna otra norma, de la que la primera depende. El jurista debe, pues, caminar de norma en norma, hasta llegar a una última, que es la primera de todas, la norma fundamental, cerrándose así el circuito. El Derecho es Así, para él, un inmenso conjunto de normas, cuyo significado sistemático corresponde a la ciencia jurídica determinar.

Al analizar la relación entre norma y relación jurídica, se puede afirmar que la norma jurídica, con su propiedad bilateral, es vista como comunicación, esto es, un intercambio de mensajes entre seres humanos, un modo de comunicar que permite la determinación de las relaciones entre los comunicadores: subordinación, coordinación. Para el análisis de la norma como comunicación se hacen importantes en el solo el mensaje (proposición) o las cualidades del prescriptor, pero también la identificación de los sujetos, su modo de reación a las prescripciones, su propia cualificación como sujeto. La norma se convierte en el centro de una serie de problemas: la determinación de la voluntad normativa, la determinación de los sujetos normativos (teoría de los derechos subjetivos, capacidad, competencia, responsabilidad), la determinación de los mensajes normativos (teoría de los derechos subjetivos, capacidad, competencia, responsabilidad) obligaciones de las facultades, de las prohibiciones normativas), etc. (SAMPAIO, 1994, p. 103)

Las relaciones jurídicas se componen de elementos propios con los cuales se puede diferenciar una relación de Derecho de otra.

Así, destacamos como elementos de la relación jurídica:

a) Los sujetos de Derecho, que son las partes de la relación jurídica para quien se exige capacidad jurídica y que pueden ser subclasificadas en sujeto activo, o beneficiario, o propietario perjudicado que se socorre de los tribunales, o en otros casos el conjunto de personas o la sociedad en su totalidad.

Como se puede percibir, los sujetos de la relación jurídica pueden ser las personas naturales y jurídicas, denominándose: sujetos activos (acreedores) y pasivos (deudores).

b) El objeto es el elemento sobre el que coinciden los Derechos y las obligaciones y se clasifica en mediato (las cosas, los bienes, las prestaciones y los servicios) e inmediato (la finalidad de dar, hacer o no hacer).

El objeto de la relación jurídica puede ser entendido como la finalidad de las partes o sujetos y tiene las mismas características que el hecho, porque también afecta de un modo inmediato o mediato dos o más personas. Trátase que el objeto exista como fenómeno mental que necesariamente debe ser susceptible de exteriorización simbólica.

De esta forma, al buscar el objeto de la relación jurídica, estaremos verificando su contenido, que se materializa en la libertad de actuar, en el reconocimiento de la facultad de hacer o en el hacer, de dar o en dar alguna cosa o de adoptar alguna cosa o de adoptar o mantener una conducta o una actitud. Por eso es necesario que el objeto pueda ser realizado por los hombres, o mejor, él debe ser seguro y posible.

El objeto puede ser considerado como un elemento positivo o negativo, cuando consiste en un acto representado por la entrega de una cosa o de un servicio, o por actos negativos de no dar o de hacer.

c) el vínculo jurídico o nexo que une a las partes (el instrumento jurídico, el acto jurídico lícito o ilícito).

Para el caso del Derecho Penal el objeto será la represión del infractor. Así, de la determinación del sujeto pasivo dependerá la naturaleza de la sanción. Aquí, los sujetos de las relaciones sociales que se reconocen y se establecen por el Derecho y se vinculan jurídicamente por las consecuencias jurídicas de determinados hechos.

Muchos autores reconocen que para el Derecho Penal el sujeto activo es la sociedad interesada en la represión, el sujeto pasivo son las personas obligadas, y el objeto es el castigo. En el caso específico de la responsabilidad de las obligaciones y de los contratos civiles, las relaciones jurídicas se constituyen de persona a persona y por lo que los elementos subjetivos se consideran de otra manera.

Según las lecciones de Diez-Picazo (1995, p. 143):

> Para que esa función social o económica se pueda atribuir a los sujetos sujetos de poder jurídico, por las cuales se posibilita el logro de las aspiracciones (por ejemplo, el arrendatario puede utilizar la cosa arrendada, el usufructuario puede percibir los frutos de la finca usufructuada, etc.) y de deber, por virtud de las cuales los interesados debieran adoptar necesariamente una determinada conducta (por ejemplo, el arrendatario debe pagar por el uso de la cosa, los padres deben prestar alimentos a sus fijos). El contenido de toda relación jurídica aparece como una posción jurídica de los sujetos, que se encuentra compuesta por una situación de poder y por una situación de deber.

Por último, podemos añadir que el contenido de las relaciones jurídicas está en la función social o económica buscada por ellas y que puede recaer en el patrimonio (contenido patrimonial o no patrimonial).

c) El valor moral como contenido normativo

¿Toda norma debe tener un contenido moral?

La respuesta a esta pregunta dependerá de la orientación filosófica (postura) del interlocutor.

Sin duda, esta lectura jusnaturalista o moralista considera que el valor es el elemento primario: el hecho ideal que presupone la norma, contrariando, de esa forma, otras corrientes contrarias u opuestas, por ejemplo: el Derecho como Hecho (o Derecho como Experiencia), ya estudiado anteriormente, y el Derecho como Conjunto de Normas (o Positivismo Jurídico) que será estudiado en el próximo tema.

Existe, de hecho, una relación intrínseca entre los valores y el Derecho y esa conexión se expresa claramente en los principios. Se trata aquí el "Valor" como un elemento necesario que contenido en principios se conecta a la norma. En este sentido, la postura que defiende el contenido valorativo de la norma también considera al Derecho como un mero instrumento de realización de los valores, hecho por el cual el ordenamiento jurídico establece la realización de fines, la preservación de valores y la manutención o la búsqueda de valores determinados bienes jurídicos esenciales a la realización de los fines y la preservación de los valores". (ÁVILA, 2009, p. 34-35)

Conforme enseña Miguel Reale (2002: 194) hechos y valores se integran dialécticamente en un proceso normativo. En ese sentido, afirmamos, no hay que hablar de normas sin pensar en valores.

En nuestro entendimiento, vivimos en un mundo orientado por valores que parecen estar ordenados jerárquicamente conforme a las necesidades y los intereses primarios y secundarios orquestados en la convivencia social.

"Es un hecho contingente que Derecho y Moral a menudo se yuxtaponen [...]" existe Así una contradicción o una paradoja en la afirmativa de que una regla considerada válida venga a colisionar con principios morales.

Pero, contrariamente a esa contradicción, fácilmente conflictivas, usando las lecciones de Norberto Bobbio (2001), quien nos enseña que una norma puede ser válida sin ser justa, pues tales criterios de valoración son independientes.

Evidentemente, estamos rodeados por un mundo de valores que condicionan la convivencia social, valores involuntariamente ordenados, constantes y universales, que pueden y difieren ser difundidos evitando así la supremacía de los contra-valores en una sociedad que se sabe está en crisis moral. Es lo que nos autoriza a hablar en universalización de la ética, o mejor, a pensar en Ética Pública, colectiva de todos y para todo ser humano: universal y en el nacional, particular o individual. La tarea es ardua, no están simple hablar en universalización de los valores, pero el acto se justifica por las consecuencias: desarrollo socioeconómico, político y, en general, humano.

En esa concepción, la norma se nos presenta como el único instrumento coercitivo, pero como un medio de realización de valores. Por lo tanto, la norma no debe estar en conflicto con la Vida (vida humana), es el valor fuente o fundamental del que depende la existencia del hombre (a persona), debiendo contribuir a la preservación de la Sociedad (Convivencia Social condicionada), es, condición intermedia e indispensable para el desarrollo del hombre, pues el ser humano no se realiza viviendo Aisladamente, sin cuidado con sus semejantes. Es en la convivencia social en que se realizan los valores secundarios, por ejemplo, el amor, lo bello, la paz, la libertad, la seguridad, la igualdad, el bienestar, cuando lo útil y se vuelve verdadero, lo bueno, el noble, el justo y el digno se hacen necesarios. Sin embargo, implícito en el Amor encontramos el Respeto, el Perdón, la Complacencia, la Condescendencia, el Afecto, la Pureza, la Obediencia. La Verdad implica Justicia, Franqueza, Sinceridad. Lo Bueno abarca lo Benévolo, lo Bondadoso, lo Benigno. Lo Bello es lo Agradable, lo Sublime, lo Majestoso, lo Grandioso, lo Imponente. Útil es lo Favorable, lo Beneficioso, lo Beneficioso, lo Ventajoso. Noble es lo Generoso, la paciencia, lo Magnánimo (grandeza de alma). Bien es lo que es correcto (correcto) lo que causa felicidad y beneficio en las personas. Justo es lo Equitativo, lo Imparcial lo Preciso. Digno es lo Adecuado (el Adecuado), la Decencia y el Decoro que exigen respetabilidad.

4.2.3.4 Norma y disposción normativa

Como hemos visto, en la teoría se busca, primero, determinar los elementos que, como sistema, constituyen el Derecho y, conceptualmente, definir su objeto.

En esta seción, consideramos lícito investigar qué fenómenos sociales se designan como objeto del sistema de Derecho y destacar las características comunes por medio de las cuales el fenómeno jurídico puede ser distinguido de otros fenómenos en lo jurídico. En este empeño, anhelamos mostrar cuales objetos son cubiertos por el concepto de Derecho propuesto.

El Derecho como fenómeno social constituye el objeto de estudio de las diversas disciplinas que se denominan ciencias jurídicas.

Durante el acto jurídico, el legislador utiliza diferentes formas de expresión legislativa de las normas jurídicas y esas formas de expresión legislativa de las normas se denominan reglamentos normativos, dictados por los órganos de poder estatal.

El elemento lógico y formal del Derecho se materializa en las reglas de conducta o formas de comportamiento, reguladas por medio de actos normativos (leyes, códigos, decretos, reglamentos). En este contexto, en la legalidad, las medidas de Derecho poseen un papel importante en todos y cada uno de sus ramas e instituciones jurídicas, en ellas se defienden la protección del hombre y de la sociedad entera contra los ataques abusivos a la honra, a la reputación a la vida privada y familiar y a la propiedad.

Tecnicamente, el Derecho es clasificado en la doctrina de la siguiente manera:

A - Derecho Natural; y

B - Derecho Positivo:

- Internacional - (*Público y Privado*);

- Nacional - a) *Público* (Derecho Constitucional, Derecho Administrativo, Derecho Penal, Derecho Tributario, Derecho Electoral, Derecho Ambiental, Derecho Laboral, Derecho Procesal y Derecho del Consumidor); b) Privado: Derecho Civil (Derecho de la Propiedad, Derecho de la Familia, Derecho de Obligaciones y Contratos, Derecho de Sucesiones) y Derecho Comercial.

Para Alfonso da Silva (1997, p. 46), "como objeto del Derecho Constitucional y Electoral es considerado el deber de la votación en las elecciones populares y el Derecho a ser escogido es el de prestar los servicios civiles y militares que requiere el país. Las constituciones tienen por objeto establecer la estructura del Estado, la organización de sus órganos, el modo de adquisición del poder y la forma de su ejercicio, los límites de su actuación, asegurar los Derechos y garantías de los individuos, fijar el régimen político y disciplinario los fines socioeconómicos y culturales ".

En la esfera del Derecho Penal y Constitucional se presenta con más fuerza el reglamento del Derecho de todo hombre a no ser privado de la libertad, con excepción de los hechos establecidos en las leyes, el Derecho a no poder ser detenido por incumplimiento de obligaciones de carácter civil, y, siendo privado de la libertad, que algún juez verifique inmediatamente la legalidad de la medida para ser juzgado sin demora injustificada.

En el caso de los derechos constitucionales y penales son de significativa importancia: el trato humano durante todo el proceso y el tiempo que implica la privación de la libertad, la presunción de la inocencia de los acusados hasta que sean probados culpables, el Derecho a ser oído de forma imparcial y, de acuerdo con las leyes, el Derecho a no ser condenado por acciones u omisiones que en el momento de los hechos no constituyen crimen de acuerdo con el Derecho aplicable, el deber de no ser impuesta sanción más grave del público, que la aplicable en el momento de cometerse el crimen, el Derecho a ser reembolsado por haber sido condenado injustamente, etc.

Por medio del Derecho Administrativo se garantiza, entre otras cosas, el Derecho de las personas para presentar reclamaciones a cualquier autoridad y de obtener pronta solución.

Como señalaba Caio Tácito (1998, p 135), "el Derecho Administrativo surgió como disciplina jurídica autónoma en época relativamente reciente. Hasta la reforma política derivada de la Revolución Francesa no se podía caracterizar la independencia científica de los preceptos reguladores de la actividad administrativa del Estado. Por cierto, mucho antes deseo marco cronológico existían normas jurídicas sobre la organización y la ejecución de servicios públicos. Se falta, sin embargo, la proporción de tratamiento, de objeto y de método. Es evidente que la gestión administrativa precedió al Derecho Administrativo. Todo grupo social, incluso primitivo y embrionario, ejerce funciones de administración. La disciplina de la vida común las conduce a un proceso administrativo, aunque rudimentaria [...].

En el Derecho Tributario se regula el deber de pagar los impuestos establecidos por la ley para posibilitar los servicios públicos. En el Derecho Laboral se incluyen normas reguladoras de la relación laboral, con la finalidad de tutelar los Derechos derivados de ella.

Los estudios de las medidas del Derecho del Consumidor y de su relación con los Derechos Humanos sión abordados como conexión existente y en el caso de las Constituciones y en los códigos civiles, en el caso de las Constituciones y en los códigos civiles, en el caso de las constituciones y los códigos civiles, incorporan y se recoñecen los principios jurídicos vinculados a una base económica, a la política ya la ideología.

En la relación con los Derechos de los ciudadanos, el Derecho del Consumidor tiene como objetivo regular y proteger las relaciones que se establecen entre el proveedor y el consumidor. Por medio de este importante Derecho son resueltos los conflictos surgidos de estas relaciones que toman como causa los abusos de los cuales el consumidor es la víctima y cuya solución no es encontrada por las reglas jurídicas tradicionales. Entonces, se necesita una conversación por parte del Estado para proteger los intereses de los ciudadanos como resultado de diversas prácticas abusivas.

En cuanto al conocimiento de alegaciones de falta de conducta determinada por la ordenación jurídica, no podía caber al Estado una verificación abrupta de tales alegaciones con apreciaciones apresadas. Se le corresponde - esto sí - una verificación tranquila y justa dando oportunidad a los interesados en la solución del conflicto de escapar todas las justificaciones en torno a los eventuales meandros fácticos que implican el conflicto surgido. Y, para Eso, formuló el Estado las reglas a ser cumplidas por los interesados bajo vigilancia judicial, para una posible exacta apreciación final. El cumplimiento fiel de tales reglas se vuelve indispensable para la mejor exactitud de la verificación de la verdad y para la justa solución del conflicto. Es evidente que Eso demanda tiempo. Pero si ese tiempo que mide entre la proposición de la pretensión judicial y su solución es justo, necesario e incluso imprescindible para la mejor apuración de la verdad y, por consiguiente, más justa solución del conflicto, es, también, por otra parte, raro - para no decir casi siempre - pernicioso para los efectos de la misma solución.

En la solución de los conflictos jurídicos, la teoría de la protección de la voluntad (consentimiento) excluye el empleo de la fuerza física o la amenaza que ataca la vida, el honor, la libertad, la salud o el patrimonio. De este modo, el Derecho del Consumidor pertenece al dominio del Derecho Público, pero su aplicación tiene mucho que ver con el Derecho Privado.

De cualquier suerte, otro sistema de protección de los intereses particulares, sin duda, es el adoptado por el Derecho Civil, con el que se protege el consentimiento de las partes contratantes, siendo declarada ineficaz la relación jurídica cuando existan vicios de consentimiento.

En el Derecho Privado (Derecho Civil y de Familia), por ejemplo, se establecen procedimientos referentes al Derecho de toda persona a recibir protección por parte del Estado, al matrimonio derivado del consentimiento libre de las partes, a la igualdad de Derechos entre las personas y entre los hijos, al régimen de filiación y la protección de los niños.

Dentro del régimen de la familia, también se reconoce el deber de los padres de asistir, alimentar, educar y ayudar a sus hijos menores, y el deber de los fieles de respetar a sus padres y de asistirles cuando éstos lo necesiten. De un modo específico, cada solicitante nacional reconoce esta protección, mediante normas jurídicas civiles y de familia, localizadas en los respectivos códigos.

En las disposiciones del Derecho Civil también se incluyen las reglas por las cuales es reconocida la condición de ser sujeto de Derechos y obligaciones y de disfrutar de los Derechos civiles fundamentales, de recurrir a los tribunales para hacer valer sus Derechos y de tener un procedimiento simple y breve.

4.2.3.5 Distinción entre norma, principios y reglas

Toda ley o regla es un comando. Un comando es la expresión de la voluntad o deseo de un individuo, cuyo objeto es la conducta de otro individuo. Técnicamente, "el concepto de regla jurídica en sus dos aspectos - la regla jurídica como norma creada por la autoridad jurídica para regular la conducta humana y como instrumento usado por la ciencia jurídica para describir el Derecho Positivo - es el concepto central de la jurisprudencia. (KELSEN, 2000: 43,71)

La relación de Derecho es la relación social bien específica que, dadas determinadas condiciones establecidas entre dos o más individuos, los ata mutuamente mediante cadenas que son, exactamente, tantas como circunstancias que conducen a la aplicación de la prescripción legal adecuada al caso ocurrente. Así, en los contratos, por ejemplo, la relación de Derecho es sólo modalidad de la relación social en genero, que es el lazo que se establece entre dos o más individuos en nombre de mero grado de afinidad entre ellos. En fin, la regla de Derecho es la expresión de la voluntad general de que determinado hecho social es forzosamente seguido de determinado efecto social. Dos elementos son discernibles en la regla de Derecho, los cuales le dan estructura lógica: la proposición condicional y la proposición afirmativa, o negativa. (PIRAGIBE, 1983: 87-88, 95)

Pero, sólo con la ayuda del concepto de norma y del concepto correlativo de "deber ser" es que podemos entender el significado específico de las reglas de Derecho. Solamente desean comprender la relevancia de la norma para el que su conducta "prevee", para aislar a quien "prescribe" cierto curso de conducta. Cualquier intento de descripción del significado de normas jurídicas por medio de reglas que describen la conducta efectiva de los hombres -y, deseando, presentando el significado de normas jurídicas sin recurrir al concepto de "deber ser" - está atada al insciso. (KELSEN, 2000: 52)

El Derecho presupone normas reguladoras de privilegios y compromisos, que autorizan o prohíben conductas. Dentro de las relaciones jurídicas los sujetos reclaman inevitablemente la regla, porque es inconcebible la obediencia sin el mandamiento que exige. De ser la regla de Derecho, o regla jurídica, el segundo elemento de la relación de Derecho. (PIRAGIBE, 1983, p. 95)

Se verifica, por lo tanto, que "la tarea de la ciencia del Derecho es describir el Derecho de una comunidad [...] en la forma de enunciados en el sentido de que, si tales condiciones son satisfacciones, entonces se debe proceder a tal y tal sanción. Esos enunciados, por medio de los cuales la ciencia jurídica describe; el Derecho, no se debe confundir con las normas creadas por las autoridades legislativas. Es preferible en el llamamiento de esas normas enunciadas, pero de reglas jurídicas. Las normas jurídicas decretadas por las autoridades legislativas son prescritas; las reglas de Derecho formuladas por la ciencia jurídica sión descriptivas". (KELSEN, 2000: 63)

En la opinión de Hart (2001: 103-109), el Derecho sería constituido por un conjunto de reglas primarias y secundarias. Primarias, conforme el citado autor serían aquellas reglas que establecen conductas, Derechos, deberes, obligacciones, permisiones y prohibiciones. Las secundarias, tendrían como función la sistematización normativa. Entretanto:

> Si el Derecho se caracteriza como "reglas", se debe enfatizar que las reglas jurídicas difieren esencialmente de otras reglas y, en particular, de las presentadas como leyes de la naturaleza (en la acepción de la física). Al paso que las leyes de la naturaleza son enunciadas sobre el curso efectivo de los eventos, las reglas jurídicas son prescripciones para la conducta del hombre. Las leyes de la naturaleza sión reglas que describen como los acontecimientos naturales efectivamente ocurren, o sea, cuáles son sus causas. Las reglas de Derecho se refieren sólo a la conducta humana; ellas especifican cómo el hombre debe conducir y no dicen nada sobre el comportamiento efectivo del hombre y sus causas. Por eso, afirma Kelsen, a fin de evitar malentendidos (en cuanto a la naturaleza del Derecho), es mejor, por lo tanto, en el uso del término regla en este contexto, pero, antes, caracterizar al Derecho como norma. (HART, 2001: 52)

La verdad es que "las reglas jurídicas, cuando son válidas, son normas. Son, más precisamente, normas que estipulan sanciones "(KELSEN, 2000: 43). En ese sentido, se identifican las normas jurídicas con las reglas jurídicas, al considerar que tanto las primeras como las segundas ordenan la vida y reposan en un conjunto de normas normativas creadas por el legislador. A este respecto, Luis Diez Picazo (apud, FERREIRÓS, 1992: 60) aconseja establecer una distinción entre norma jurídica, regla jurídica y Ley, al explicar que, si la escritura de una norma jurídica puede coincidir con una ley, o con el otro, de una ley, no siempre sucede Así; a las veces la regla jurídica debe ser buscada por toda la extensión de una ley o de un código, y se forma por más de uno de sus artículos.

El hecho jurídico puede consistir en una circunstancia de hecho, en una questión de Derecho, en un fenómeno natural extraño a la actividad humana y, aún, en una declaración de voluntad emitida por una, o varias personas, cuando recibe la denominación particular de acto jurídico. Por lo tanto, la regla de Derecho tiene su aplicación subordinada no sólo a la existencia del hecho, que ha de ser forzosamente una circunstancia de hecho, una cuestión de Derecho, un fenómeno natural dotado de proyección jurídica o, entonces, un evento voluntario.

El dispositivo de la regla puede consistir en una prohibición, en una cuenta que hacer, o en el hacer, en un principio de responsabilidad, en una cuenta de la situación jurídica, o en una específica al juez para que determine la consecuencia. En Derecho público, el dispositivo da o rechaza una competencia.

En lo raro, reclama el hecho jurídico a la previa de otra u otras reglas. Así, las reglas a veces se encadenan, de modo que la consecuencia de una se incorpora al hecho jurídico enunciado por otra. Ej. Un comprador recibe del vendedor una mercancía defectuosa, cabiendole, por Eso, la devolución del objeto o una reducción de precio. Pero el defecto ha de ser tan grave que suprima o, por lo menos, disminuya notablemente el valor de la mercancía, entonces esta negativa debe ser formulada a su debido tiempo. En fin, es necesario que una operación de compra y venta haya sido regularmente concluida, lo que presupone un contrato.

En principio, "cuando el legislador prohíbe el robo, puede, por ejemplo, definir en primer lugar el concepto de robo en una serie de frases que forman el artículo de un estatuto y, entonces, estipular la sanción en otra frase, que puede ser parte de otro artículo del mismo estatuto o incluso parte de un estatuto enteramente diverso". (KELSEN, 2000, p. 63)

En realidad, esa es la construcción típica de la regla de Derecho, de los romanos a los días que corren, pero casos hay en que se hace preexistente investigar los elementos de la regla, ya que la redación de los códigos modernos, no siempre ortodoxa, contribuye muchas veces y las oscurece. Es que el legislador romano comienza regularmente con lo que quiso, la condicional desde lo que denunciaba el hecho jurídico, mientras que en las legislaciones actuales impera una libertad vocabular quien sabe si demasiada, esto es, sustantivos, adjetivos, pronombres y adverbios se turnan en la tarea de dar inicio al mandamiento legal. Ocurre, aún, que no siempre el artículo contiene una sola regla, pues hay aquellos que encierran varias. En el caso de que el artículo contenga una sola regla, entonces hay quienes encierran varias (PIRAGIBE, 1983: 96). Ejemplo: "El descendiente, ascendiente o cónyuge que sea sucesor provisional del ausente, hará todos sus frutos y rendimientos de los bienes que les corresponden" (1ª regla); "Los demás sucesores, sin embargo, deberán capitalizar la mitad de los frutos y los rendimientos" (2ª regla), "según lo dispuesto en el art. De acuerdo con el representante del Ministerio Público, y rendir anualmente cuentas al juez competente "(3ª regla) Código Civil Brasileño, artículo 33.

Igualmente, según la norma de normas en primarias y secundarias, si una norma tiene por objeto otra norma, ella es secundaria; si tiene por objeto la propia acción, es primaria; Así, las normas secundarias son normas sobre normas. El ejemplo típico son las normas de devolución, del Derecho Internacional privado, que no regulan propiamente una materia, pero dicen, en caso de conflicto entre normas de diferentes Estados, cuál de ellas debe ser aplicada. (FERRAZ, 1994: 125)

A veces, en los códigos, encontramos clasificacciones legales, como la expresión de las cosas en el Código Civil, o el Convenio, como la de la noción de donación que, hay quien diga, por pertenecer a un conjunto unitario y sistemático de normas - el código - el carácter de norma jurídica, esto es, vinculan. Pero muchos prefieren considerarlas como normas, pero como meros elementos de orientación, sólo adquiriendo el carácter normativo si de las clasificacciones resulta un régimen jurídico, esto es, una disciplina global y vinculante para una situación de hecho. Es el caso, por ejemplo, de la definición de tributo y de su enumeración por el Código Tributario Nacional. Sin embargo, el criterio por ejemplo si de la defínción y de la estructura resulta que un régimen no es pacífico en la doctrina. (FERRAZ, 1994: 123)

Los principios son premisas válidas para un determinado campo del saber, o para un sistema de enunciados lógicos. El Derecho también posea principios, porque no es posible que haya ciencia en lo fundado en presupuestos principiológicos. El Derecho se funda sobre los principios que condicionan sus normas y las hacen significativas. Así, en el campo del Derecho Penal, por ejemplo, existe un principio, según el cual nadie puede ser responsabilizado por acto en el que tenga fuera previamente tipificado en ley como crimen. *Nullum crimen sine lege*: ningún crimen sin previa ley que lo defina. (REALE, 2002, p. 57)

Decimos entonces que los principios del Derecho son considerados criterios o fines que informan la mejor manera de interpretar y aplicar las normas jurídicas. Los principios son inspiradores de los procesos de elaboración, de interpretación y de aplicación del Derecho Positivo, son referencias importantes que conectan o vinculan el Derecho positivo a los valores morales y a la conciencia social.

Surge, Así, la siguiente afirmación:

> Todo conjunto armónico de reglas positivas es sólo el resumen, la síntesis, el "sustratum" de un complejo de altos dictadores, el índice materializado de un sistema orgánico, la concretización de una doctrina, serie de postulados que adornan principios de una doctrina. Constituyen éstos las directivas ideas del hermeneuta, los presupuestos científicos del orden jurídico. (MAXIMILIANO, 1996, p. 295)

Decimos entonces que, por medio de los principios, distinguimos la verdadera o sentido de los dispositivos (reglamentos), pues ellos orientan la interpretación y la norma normativa.

Sin embargo, los principios orientan a la conducta hacia la vida, la Convivencia, la Dignidad, el respeto, la responsabilidad, etc. Para dar un ejemplo: Constitución de la República Federativa del Brasil, artículos 1º, 3º y 5º ("la Dignidad de la persona humana", "los valores sociales del trabajo y la libre iniciativa", "la libertad, justicia y solidaridad", a la "igualdad", "el Derecho de propiedad", etc.).

También pudimos encontrar prescripciones jurídicas inspiradas en estos principios, por ejemplo: "toda persona es capaz de Derechos y deberes en la orden civil". (Código Civil Brasileño, artículo 1)

Se pueden identificar las reglas con los dispositivos legales que toman una finalidad prescriptiva y auxilian el proceso de interpretación, integración y aplicación del Derecho. Así, se distinguen los principios (como fines inmanentes del ordenamiento jurídico y reguladores teleológicos de la actividad interpretativa) de las llamadas reglas. Trátase de los preceptos o proposiciones por medio de los cuales se prescribe el mandato. Las reglas son Generalmente clasificadas de la siguiente manera: legales, científicas y jurisprudenciales.

De cualquier manera, las que más interesan en este estudio son las reglas legales, cuya función es prescribir las diversas formas a interpretar y aplicar el Derecho positivo. Examinaremos a continuación el concepto y las características de la orden constitutiva de los reglamentos legales.

4.2.3.6 Ordenamiento jurídico

No hay que negar que, concordando con Eugenio Bulygin, las normas jurídicas que integran el Derecho de un país constituyen un conjunto unitario al que corresponde atribuir el carácter del sistema, se confunden, Así, los conceptos "orden" y "sistema", pensando en orden (el ordenamiento) como un sistema de normas.

Así lo leemos en Kelsen (1998, p. 5):

> El Derecho es una orden de la conducta humana. Una "orden" es un sistema de reglas. El Derecho no es, como a veces se dice, una regla. Es un conjunto de reglas que poseen el tipo de medida que entendemos por sistema. Es imposible cojimos la naturaleza del Derecho si restringimos en la atención a una regla Esolada [...].
>
> El hecho de que el Derecho sea una orden de la conducta humana no significa que el orden jurídico diga tan sólo la conducta humana, que nada más que la conducta forma parte del contenido de los reglamentos jurídicos. Una regla que hace del alasinato un delito punible dice respeto a una conducta humana que tiene la muerte de un ser humano como efecto. (Destaque nuestro).

El Derecho constituye indudablemente una unión, ya sea normativa o conceptual. Se desdobla en dos campos comunicables entre sí, aunque informados por principios distintos - los de Derecho público y los de Derecho privado. (CRETELLA, 1986: 11-12)

Por lo tanto, podemos hablar de una unidad orgánica en el plano científico, de una unión teológica en el plano social y de una importancia primitiva, esto es, la parte de principios jurídicos que se agrupan en dos categorías, constituyendo la primera el Derecho público y la segunda el Derecho privada. (PEREIRA, 2005, p. 14-15)

Al investigar la relación es necesario conferir la existencia de relaciones entre las normas, es decir, verificar si las normas jurídicas fueron elaboradas respetando el principio de la jerarquía en el Derecho.

La integridad se verifica cuando consideramos la existencia o el de lagunas que califica como completo o incompleto el ordenamiento jurídico. El criterio de la base se basa en la existencia de normas superiores e inferiores que deben estar relacionadas. En este sentido, las normas existen como normas jurídicas, pero pueden ser declaradas inválidas si no respetan el principio de la relación jerárquica y, siendo válidas, serán obligatorias y legítimas.

La determinación de la propiedad de una norma es analizada gradualmente, verificándose la relación entre las normas hasta llegar a la norma superior (Constitución Federal).

La norma jurídica no existe sola o Aislada de otras normas. Trátase, Así, del complejo estructural del ordenamiento jurídico que, como condición y problema, vamos a estudiar.

En este sentido, el concepto de "ordenamiento" (u orden normativo) tiene otras importantes implicaciones, en lo menos importantes ya estudiados como sus principales problemas que, a continuación, serían por separado abordados, tales son: el problema de la relación, el problema de la jerarquía, el problema de la coherencia, el problema de la completitud y me permito añadir, el problema de la congruencia (armonía de la orden con el fin para el cual fue creada).

a) Unidad

La razón, ciertamente, se expresa como "condición", porque la norma, para ser considerada jurídica, ha de pertenecer a una orden. Es jurídica cuando pertenece a una determinada orden jurídica, y "pertenece a una determinada orden jurídica cuando su validez se funda en la norma fundamental de orden". (KELSEN, 1998: 21-22)

La media se expresa como "problema", cuando se refiere a la necesidad de una construcción escalonada del ordenamiento. Así, explica Bobbio (1999: 49), la complejidad del ordenamiento no excluye su carácter. El problema está en que en los pozos hablar de ordenamiento jurídico si no lo hubiéramos considerado algo de unitario. Unario es aquel ordenamiento en el que todas las normas nacen de una única fuente. Aceptar la cuestión como problema es aceptar la teoría de la construcción escalonada del ordenamiento jurídico, elaborada por Kelsen, teoría cuyo núcleo es que las normas de un ordenamiento en el están todas en el mismo plano. Por lo tanto, hay normas superiores y normas inferiores. Las inferiores dependen de las superiores. Subiendo de las normas inferiores a aquellas que se encuentran más arriba, se llega a una norma suprema, que no depende de ninguna otra norma superior, y sobre la que reposa la medida del ordenamiento. Esa norma suprema es la norma fundamental. Cada ordenamiento tiene una norma fundamental. Es esa norma fundamental que da a todas las demás normas, es decir, hace de las normas dispersas un conjunto unitario que puede ser llamado de ordenamiento. Esto da la idea de la noción de la jerarquía.

b) Jerarquía

Debido a la presencia, en un ordenamiento jurídico, de normas superiores e inferiores, tiene una estructural jerárquica. Eso significa decir que las normas de un ordenamiento están dispuestas en orden jerárquico.

Conforme la doctrina kelseniana, elaborada bajo el enfoque normativo, el "Derecho" es una orden de conducta humana. Una "orden" o sistema de normas cuya unidad está constituida por el hecho de que todas ellas tienen el mismo fundamento de validez, sea cual sea, una norma fundamental de la cual se retira la validez de todas las normas pertenecientes a esa orden. En cuanto al criterio o fundamento de validez, de acuerdo con Kelsen, una orden jurídica es un sistema de normas generales e individuales que están vinculadas entre sí por el hecho de la creación de toda y cualquier norma que pertenece a este sistema ser determinada por otra norma del sistema y, en última línea, por su norma fundamental. Una norma sólo pertenece a una orden jurídica porque se establece de conformidad con otra norma de este ordenamiento jurídico. Por esta vía, se reconducen finalmente a la norma fundamental, que ya no se establece de conformidad con la norma de otra norma y que, por lo tanto, tiene que ser presupuesta. (KELSEN, 1998, p. 21, 163)

c) Coherencia

El concepto coherente expresa la idea de la existencia de un legislador sensato que no podría reglamentar una misma situación de dos partes incompatibles. Este argumento permite al juez intervenir para resolver la antinomia, pero si nos activamos estrictamente a la hipótesis de la coherencia del Derecho, tal solución preexistiría en el sistema jurídico. (PERELMAN, 2004, p.78-79)

Así, la coherencia normativa se deduce de la relación de compatibilidad entre dos o más normas. Ciertamente entre dos normas válidas no habrá conflicto o antinomia normativa. La coherencia es un concepto-requisito de cualquier orden jurídico por medio del cual se garantizará la "seguridad jurídica".

La coherencia entre las normas no es verificada por razones estructurales o formales, sino de contenido. El deseo, cuando se deriva una norma de otra, se determina el carácter sucesivo que el sistema representa. Así, verificamos que el ordenamiento debe ser un sistema Desde el punto de vista de su estructura interna y externa, en que no existen normas incompatibles, caso contrario en el serán válidas. La incoherencia determina la incompatibilidad de las normas dentro de un sistema (antinomia).

Para resolver el problema de las antinomias, Desde el punto de vista de la interpretación del Derecho, existen reglas técnicas u operativas por medio de las cuales la incompatibilidad es reconocida:

a) entre normas que ordenan y prohíben hacer alguna cosa;

b) entre normas que ordenan hacer y no permiten hacer alguna cosa; y

c) entre normas que prohíben y permiten hacer alguna cosa.

La siguiente a continuación evidencia los diversos tipos de antinomias:

- cuando con una norma se obliga, y por medio de otra se prohíbe un acto;
- cuando por medio de una norma se obliga y en otra está permitido un acto; y
- cuando por medio de una norma está prohibido y por otra se permite un cierto acto.

El concepto de antinomia caracteriza las normas que pertenecen al mismo ordenamiento y que llevan el mismo marco de validez temporal, espacial, personal y material.

La antinomia produce oscuridad e incertidumbre jurídica y no está relacionada con los criterios de justicia, ya que ésta se refiere a la igualdad o desigualdad de las personas. Por eso, la antinomia genera falta de orden o de relación en el contenido de una disposición normativa.

Como ejemplos de antinomias, son representativos los casos de contradicciones existentes entre las normas que prescriben los medios para alcanzar el fin y las que prescriben el fin, de tal modo que los medios prescritos impiden el fin que se desea.

Norberto Bobbio (1987, p 202) explica algunos criterios para resolver antinomias de dos prescripciones incompatibles, que no pueden ser verdaderas al mismo tiempo con relación a un sistema normativo, siendo entonces normas imposibles de aplicarse simultáneamente. Este criterio se basa en la existencia de normas solubles e insolubles;

las solubles son llamadas de aparentes y las insolubles de reales. Para el autor, reales son aquellas en las cuales el intérprete es abandonado por la ausencia de un criterio o por conflicto entre otros criterios. Por eso, el autor formula tres modos para resolver las antinomias:

a) en sentido cronológico;

b) en sentido jerárquico; y

c) en el sentido de la especialidad.

El primer se refiere al principio de la ley posterior, por el cual entre dos normas incompatibles prevalece la más reciente (la norma posterior), pues siempre será válido el último acto en el tiempo. El segundo sentido se dirige a la ley superior y expresa que, en la incompatibilidad de dos normas, la superior revoca la inferior.

En el tercer sentido, el conflicto entre normas generales y especiales es resuelto haciendo predominar las especiales, siendo revocada aquella parte de la norma General que contradice las especiales.

Como se observa, se da importancia al sentido cronológico cuando las normas incompatibles son sucesivas; al jerárquico cuando las normas incompatibles están en niveles diferentes; y al de la especialidad cuando son conflictos entre normas generales y especiales.

Se puede dar el caso, como afirma Bobbio, de conflictos entre normas contemporáneas, generales y colocadas en el mismo nivel. Cuando eso sucede, ninguno de los tres sentidos ayuda. Sirve como ejemplo el caso de las normas generales e incompatibles de un Código, para lo cual se busca, aunque no existe una regla general, observar el criterio imperativo, prohibitivo y permisivo que guía la prevalencia; de este modo, la incompatibilidad existente entre una norma imperativa o prohibitiva y otra permisiva se resuelve haciendo predominar la permisiva sobre las demás. Esa es una cuestión bastante incómoda para el intérprete, que debe favorecer las facultades y libertades ante las sanciones.

También en los conflictos entre dos normas imperativas y prohibitivas (una que obliga a hacer algo y otra que prohíbe hacer lo mismo), ellas deben ser eliminadas mutuamente, pues el comportamiento antes de ser ordenado o prohibido es considerado permitido y lícito.

Para el caso de conflictos entre los diferentes sentidos, es aconsejable que el jerárquico y el de la especialidad prevalezca sobre el cronológico, y el jerárquico sobre el de la especialidad (justicia). Aunque esta cuestión no se resuelve, la posción de todo jurista e investigador es presentar sugestiones a los legisladores, pues la antinomia dificulta la administración de la justicia.

Con las antinomias también se ve afectada la eficacia, pues una norma excluye la aplicación de la otra, y como muchos filósofos afirman la coherencia no es condición de validez, sino de justicia y de certeza, porque afecta la paz jurídica y el orden social.

En el caso de la integridad, se verifican las lagunas por el principio de que en el ordenamiento existen normas que regulan cada caso. De ahí que un ordenamiento es completo cuando en él puede encontrarse una norma para proteger cada relación socioeconómica y resolver cada conflicto jurídico.

La brecha como deficiencia legislativa existe cuando hay quiebra de la correspondencia entre la norma y la realidad social. El problema de la demanda de la existencia de las lagunas no debe basarse en la convicción de que la norma deseada no está presente (laguna ideológica); no es el resultado de la comparación con partes de un ordenamiento jurídico, sino con su totalidad.

d) Completitud

La completitud, como veremos en Perelman (2004: 78), se presume por el hecho de considerar que el orden normativo ha de contener proposiciones suficientes para la tutela de cada sujeto o relación de Derecho, esto es, cada comportamiento materialmente posible, desea señalar por la validez y por la existencia de una disposición jurídica que atribuye a los comportamientos una calificación normativa. Por lo tanto, la orden normativa es completa y debe por lo tanto contener una regla General concerniente a todos los casos. Esta concepción, bastante difundida en el siglo XIX, era complementaria a la idea de que el juez no debería participar en la elaboración del Derecho, supongan la ausencia de lagunas y, por lo tanto, también de antinomias, pues éstas resultan de la ausencia de una regla que permita descartar la aplicación y una de las dos reglas incompatibles, en un caso particular. Se opone, además, al pensamiento de que existen comportamientos en el regido por el Derecho.

e) Congruencia

La congruencia normativa se deduce de la armonía del orden en relación con los fines para los cuales fue creada. La congruencia se refiere al sentido y la función del Derecho.

Así, el concepto se vincula a una idea de valor que da sentido al propio ordenamiento. El orden normativo que en el fue pensado para alcanzar esos fines: paz, orden, seguridad, justicia, etc. no será considerada congruente con su función y sentido.

4.2.4 Práctica jurídica

Toda ciencia o área del saber humano tiene una dimensión práctica (tecnológica) que, en el caso del Derecho consiste en la actividad desarrollada por los llamados operadores del Derecho con el propósito de representar, procesar y juzgar casos y conflictos. Así, las prácticas sión diversas y dependen del papel y función que el jurista tiene u ocupa en el contexto socio profesional: abogado, promotor, juez, etc. en la defensa del Derecho que es, definitivamente, "la esencia del Derecho es la práctica práctica". (IHERING, 1996: 43-44)

4.2.5 Convivencia social

Todo hombre es un ser social y, por tanto, siente la necesidad de vivir en "sociedad". Se define sociedad como una cultura cultural, en parte identificada por sus valores. Una dada práctica o creencia está mucho más ligada a la estructura de una sociedad. (WILLIAMS, 2005, p. 33), precisa, Así, de la convivencia social.

La convivencia social presupone la existencia de reglas. "Deben, pues, considerar que" no puede haber sociedad sin reglas (normas) "(WILLIAMS, 2005, p. 6). El derecho y la ética se hacen presentes y necesariamente en toda y cualquier sociedad, pues ellos toman como objeto la convivencia humana (convivencia social) y no sólo una vaga o incierta (utópica) "felicidad" 21 o "bienestar" 22 como únicas cosas deseables, esto es, como fines anhelados por el hombre Aislado de cualquier grupo humano.

La convivencia humana parece ser una condición objetiva que exige de los hombres límites (legales y ético-morales) que permiten tal convivencia en un determinado ambiente de armonía y de paz. Y parece ser el fundamento de la necesidad de ser imparciales, observados e invocados un determinado grupo de principios éticos y necesarios para la convivencia social.

Hablamos Así de "convivencia social condicionada" como una ley que orienta en la investigación por medio de la cual podemos comprender que todo ser humano actúa, buscando alcanzar una condición superior o privilegiada dentro de un determinado grupo social. Así pues, toda la acción humana, tanto lícita como ilícita, es conforme a esa ley.

Todo proyecto humano busca una finalidad, esto es, alcanzar un objetivo, previamente delineado por un individuo, grupo o sociedad. Así, toda la acción humana es movida por determinados "intereses" y "necesidad" y orientada conforme a una dada comprensión de utilidad, costos, beneficios y oportunidad. La comprensión del entrelazamiento existente entre tales conceptos y la conducta humana es, de hecho, premisa fundamental para el estudio de la ética.

Con efecto, el ser humano actúa conforme a ese juego de conceptos y anhela privilegios que les facultan a dar, recibir, hacer o hacer algo. Es, con base nesa ley que el hombre piensa, analiza y delibera y asume una actitud ante un determinado asunto o problema, dando mayor valor al que considera que es momentáneamente útil y oportuno.

CAPÍTULO 5
SENTIDOS DEL DERECHO

En el presente capítulo discutimos los sentidos del Derecho, aquí definido con el conjunto de perspectivas conocidas, atribuidas a esa importante área del saber humano. Veremos que el sentido dado al Derecho depende de una determinada comprensión, ya sea estructural, bien funcional y que también resulta de su significación. En este capítulo pretendemos responder a la siguiente cuestión: ¿cuál es el sentido, o mejor, a la administración Derecho?

5.1 Sentidos del Derecho

El sentido que damos al Derecho depende de la idea que tenemos una importante área del saber, esto es, lo que significa o representa para el jurista y para la sociedad.

Así, por ejemplo, al concordar con el pensamiento de que el Derecho es una ciencia, nos vemos obligados a aceptar que plantear metodologicamente abordar su realidad y resolver sus problemas. El Derecho, Así, tendría un sentido metodológico que orienta la solución de problemas teóricos y prácticos. Sin embargo, si consideramos que el Derecho es un conjunto de reglas de conducta (a causa de su función prescriptiva, que es propia de sus normas) estamos fatalmente condenados a concordar con la idea de que se reduce a una mera técnica de control social o de acuerdo de conflicto, importando Así, únicamente, su sentido prescriptivo y / o práctico.

Así, varios son los sentidos que organizan las medidas jurídicas. Se puede ver que el sentido atribuido al Derecho baliza las interpretacciones y el decreto. A continuación, estudiamos, el significado y la repercusión de cada uno de estos sentidos en el contexto académico, científico y práctico.

5.1.1 Sentido teorético

El Derecho, como toda área del saber humano (ciencia) tiene un sentido teorético, por ejemplo, teórico-descriptivo-proposicional, motivo por el cual se designa la ciencia jurídica como el conjunto de teorías que objetivan la descrción de la experiencia (realidad) jurídica que es su objeto. Por lo tanto, las teorías jurídicas servirían de cobertura a esa realidad.

Conforme a la dirección o sentido, teorías jurídicas serían concebidas en los moldes de las ciencias naturales, pasando a reducir el Derecho a sus fuentes formales (a la orden normativa). Ciertamente, esa fue una de las perspectivas (o sentido) más dominante, hasta la segunda mitad del siglo XX, aquel que colocaría la norma (o el orden normativo), como centro de todo estudio jurídico. Todos los demás conceptos jurídicos o jurídicos gravitar en torno a la norma (regla de conducta). En el marco de la Ley Orgánica del Poder Judicial, en el marco de la Declaración Universal de los Derechos Humanos, sometida a tres valoracciones distintas: ellas son justas, válidas y eficaces; esas valoracciones son independientes una de las otras. De hecho, afirma el citado autor, "frente a cualquier norma jurídica, podríamos plantear una triple orden de problemas: 1) si es justa o injusta; 2) si es válida o no válida; 3) si es eficaz o ineficaz. Se trata de tres problemas distintos: de la justicia, de la validez y de la eficacia de una norma".

Prevalecen, Así, las teorías que orientan el proceso lógico-analítico en la interpretación y la aplicación del Derecho. Los autores se empeñaron en definir conceptos básicos Derecho (norma, principios, reglas, etc.) buscando universalizar su significado. Sin embargo, surgiría un interés marcante por el estudio de la lógica normativa (deóntica).

La teorización del Derecho que tiene como objeto la orden normativa sirve para orientar a innumerables obras, destacándose entre ellas las teorías de autores que, como Kelsen, consideran la ciencia del Derecho como un conjunto de enunciados descriptivos acerca de las normas, es decir, del orden normativo que es su objeto. Trátase, Así, del conocimiento jurídico que tiene como objeto el orden normativo. (KELSEN, 1998, p.4)

Numerosas críticas en pro del realismo o, si prefiere el empirismo, fueron hechas a esa forma de positivismo. Como consecuencia de ello, una nueva administración de la filosofía analítica comenzaría a surgir a partir de los años 1970 y 1980. Como resultado de la crítica al reduccionismo fenomenalista surgiría un nuevo tratamiento de la relación entre proposiciones analíticas y sintéticas. En este sentido, es significativa la crítica hecha por WVO Quine en un importante artículo titulado "Dos dogmas del empirismo", en que el autor sostiene que debéis pensar en el lenguaje de la ciencia como una red compleja que se orienta a la verificación empírica apenas en sus márgenes. De acuerdo con el autor, el lenguaje no es atomístico, esto es, no se compone de un conjunto de proposiciones en que cada una puede ser evaluada Aisladamente, por el contrario, consiste en una red holística en la cual las proposiciones como grupos son confrontadas con experiencia. Actualmente, la mayoría de los filósofos acepta una u otra versión de la rechazada por "Quine" de la distinción entre analítico y sintético. El rechazo de la distinción entre proposiciones analítica y sintética tuvo profundas consecuencias para la filosofía analítica. (SEARLE, 2002, p. 7)

Tales consecuencias, de hecho, repercutieron en la forma de operar en las ciencias y especialmente en el Derecho y tiene una significativa trascendencia teórico-metodológica en la elaboración, interpretación, investigaciones de doctrinas y normas jurídicas. Se observa, por ejemplo, el hecho de que dentro de la teoría de la interpretación jurídica Generalmente se habla de la hermeneutica como siendo aquella parte del Derecho que auxilia el proceso de interpretación de las "normas", esto es, únicamente de la determinación del sentido y alcance de las proposiciones prescriptivas.

La teorización del Derecho pasó a situarse en la intersección de varios problemas. Algunos deses problemas sión concernientes a la relación entre Derecho y moralidad y al estatuto lógico (descriptivo o prescriptivo) de las proposiciones del Derecho. Así, para algunos juristas el intento tradicional de encontrar las condiciones suficientes para la aplicabilidad de un concepto sigue siendo equivocado en principio. A pesar de eso, algunos pensar que la posibilidad de tal emprendimiento fue refutada por el rechazo de "Quine" de la distinción entre analítico y sintético, Así como por la crítica de Wittgenstein de que muchos conceptos problemáticos de la filosofía no poseen un significado central o esencial, pero una variedad de usos diferentes unidos sólo por una "semejanza de familia". Ya otros dirían que el análisis conceptual sigue siendo parte esencial de la actividad filosófica, como ha sido desde los Diálculos de Platón, pero que no la agota. (SEARLE, 2002, p. 12, 389)

En el ámbito metodológico los juristas empezaron a preocuparse por la crítica crítica del lenguaje jurídico, siendo las oposiciones "norma versus enunciado", "proposción versus enunciado" y "norma versus proposición" el objeto central de varios debates teóricos.

En cuanto a la distinción entre norma y enunciado, Kelsen (1986, p. 34, 207-208), por ejemplo, admitiría que la norma no es ningún enunciado. De acuerdo con el autor, cuáles serían dos aspectos que no se confunden, pues el enunciado es el sentido de un acto de pensamiento (que tiene una significación indicativa o declarativa) y la norma es el sentido de un acto de voluntad intencionalmente dirigido a una conducta humana (que tiene una significación imperativa). Así, para Kelsen, la función del enunciado es la de salir, además del enunciante, saber algo, enriquecer sus conocimientos. La función de la norma es la de hacer otro querer algo, de determinar su voluntad, y precisamente fijar, de modo que su conducta externa causada por su querer corresponda a la norma. Y así resume, el enunciado es el sentido de un acto del pensar, la norma es el sentido de un acto del querer dirigido a la conducta de otro. Para Kelsen, un enunciado declara que algo es, fue o será, es decir: él afirma algo como siendo en el presente, pasado o futuro. Su lengua lingüística es una proposición del ser. El sentido de un acto de voluntad (que es calificado como norma) es: que algo debe ser; si es el enunciado sobre una norma. Este enunciado puede ser una proposición del ser, a su vez puede ser una proposición de deber-ser.

Es evidente que Kelsen (1998, p. 63) confunde el concepto "enunciado" con el concepto "proposción" (descriptiva o explicativa) e identifica el concepto "norma" con el concepto "proposción" (prescriptiva). También en su obra obra Teoría General del Derecho y del Estado el propio autor confirmaría que la tarea de la ciencia del Derecho es describir el Derecho de una comunidad en la forma de enunciados, en el sentido de que, si tales condiciones son satisfacciones, entonces se debe proceder aplicar una sanción. Esos enunciados, por medio de los cuales la ciencia jurídica describe el Derecho, afirma Kelsen, no se deben confundir con las normas creadas por las autoridades legislativas. Es preferible en el llamamiento de esas normas enunciadas, pero de reglas jurídicas. Las normas jurídicas decretadas por las autoridades legislativas son prescritas; las reglas de Derecho formuladas por la ciencia jurídica sión descriptiva. De esta forma, el propio autor enseñaría:

> El conocimiento jurídico se dirige a estas normas que poseen el carácter de normas jurídicas y confieren a determinados hechos el carácter de actos jurídicos (o antijurídicos). En efecto, el Derecho, que constituye el objeto de este conocimiento, es un orden normativo de la conducta humana, es decir, un sistema de normas que regulan el comportamiento humano. Con el término "norma" se quiere significar que algo debe ser o suceder, especialmente que un hombre se debe conducir de determinada manera. (KELSEN, 1998, p. 5)

Sobre la distinción entre proposición y norma, se nota un evidente conflicto teorético derivado del enfrentamiento kelseniano: "ser" y "deber-ser". De acuerdo con el citado autor, "ser" y "deber-ser" sión dos modos esencialmente diferentes uno del otro, dos diferentes formas que tengan un contenido determinado. En los enunciados, que algo es y algo debe (ser), se necesitan distinguir dos elementos diversos: que algo es y lo que es; que algo debe (ser), y lo que debe (ser). Lo que es y lo que debe, el contenido del ser y el contenido del deber-ser son un sustrato modicamente indiferente. En la proposción: "paga su deuda de juego", el sustrato modicamente indiferente "pagar deuda de juego" se viste en el modo del ser; en la proposción: "A debe pagar su deuda de juego", el sustrato modicamente indiferente "pagar deuda de juego" se viste en el modo de desear. La norma: "A debe pagar su deuda de juego" da al sustrato modicamente indiferente el modo del "deber-ser". (KELSEN, 1986, p. 73)

Una primera lectura de la obra Teoría General de las Normas nos invita a pensar que en Kelsen (1986, p. 2, 189) la norma es también una proposición, esto es, un imperativo o una proposición de deber-ser. En esta obra, también es aceptada por Kelsen, la idea de que por medio de palabras pronunciadas o escritas: la lengua lingüística de una norma puede aparecer gramaticalmente con diferentes modos (en el modo de un imperativo o de un mandamiento). Para el autor, una norma puede también ser expresada tanto en proposiciones de deber-ser como en proposiciones del ser (enunciados).

Ciertamente, con Kelsen (1986, p. 190-191) se origina un problema terminológico. Primero, por afirmar que "la norma puede, pero no necesita ser expresada en una proposción", esto es, en una forma lingüística compuesta de sujeto y predicado. Segundo, al distinguir una proposición imperativa de una proposción de deber-ser. Tercero, al proponer una distinción entre "normas jurídicas" ("establecido por la autoridad del Derecho), y" proposiciones jurídicas "(las formuladas por la Ciencia del Derecho).

La teoría kelseniana reconoce que los enunciados sobre la ley, las proposiciones, en las cuales la ley es presentada (descrita), son distintos de los enunciados sobre el acto legislativo o los actos del proceso legislativo. Así, la ciencia del Derecho, para Kelsen (1986, p. 194-195), contiene proposiciones que se enuncian sobre normas jurídicas. Se expone normas jurídicas, describe normas jurídicas. Esas proposiciones en el son propiamente normas, pero enunciados sobre normas. Como Ciencia, la Ciencia del Derecho sólo puede coexistir y describir normas a ella dadas, y al establecer normas, esto es, prescribir alguna cosa. En este sentido, destaca el citado autor:

> En la afirmación evidente de que el objeto de la ciencia jurídica es el Derecho, está contenida la afirmación-menos evidente- de que son las normas jurídicas el objeto de la ciencia jurídica, y la conducta humana sólo lo es en la medida en que se determina en las normas jurídicas como supuesto o consecuencia, o - por otras palabras - en la medida en que constituye contenido de normas jurídicas. (KELSEN, 1998: 79)

Por lo tanto, considera Kelsen que, en la medida en que la ciencia jurídica sólo aprehende la conducta humana, ésta constituye contenido de normas jurídicas, como está determinada por normas jurídicas, representa una norma normativa de esos hechos de conducta. Las proposiciones o enunciados en los cuales la ciencia jurídica describe aquellas relaciones que, como proposiciones jurídicas, ser distinguidas de las normas jurídicas que son producidas por los órganos jurídicos a fin de que sean aplicados y sean observadas por los destinatarios del Derecho. Las proposiciones jurídicas son juicios hipotéticos que enuncian y traducen que, de conformidad con el sentido de un ordenamiento jurídico-nacional o internacional-dado al respecto jurídico, bajo ciertas condiciones o presupuestos fijados ese ordenamiento, deben intervenir ciertas consecuencias por el mismo ordenamiento determinadas. Y continúa el autor,

> Las normas jurídicas, por su parte, en el sión juicios, esto es, enunciados sobre un objeto dado al conocimiento. Ellas salen antes, de acuerdo con su sentido, mandamientos y, como cuentos, mando, imperativos. Pero en él son sólo comandos, pues también son permisiones y atribuciones de poder o competencia. En todo caso, en el son -como, a veces, identificando Derecho con ciencia jurídica, se afirma - instruciones (enseñanzas). El Derecho prescribe, permite, confiere poder o competencia - en el 'enseña' nada. En la medida, sin embargo, en que las normas jurídicas se expresan en lenguaje, esto es, en palabras y proposiciones, pueden aparecer en la forma de enunciados del mismo tipo de los por medio de los cuales se constatan hechos [...]. De lo que se trata, pero no es de la forma verbal, sino del sentido del acto productor de Derecho, del acto que pone la norma. Y el sentido de este acto es diferente del sentido de la proposición jurídica que describe el Derecho. En la distinción entre proposición y norma jurídicas precisa ganar la distinción que existe entre la función del "know" jurídico y la función, completamente distinta de aquella, de la autoridad jurídica, que está representada por los órganos de la comunidad jurídica. La ciencia jurídica tiene por objeto conocer -de fuera, por decirlo, el Derecho y describirlo en base a su conocimiento. (KELSEN, 1998, p. 81)

Como se puede observar en las citadas obras, el destacado jurista reconocerá que la norma jurídica tiene una función de autoridad creadora del Derecho y la proposición jurídica una función de la ciencia jurídica descriptiva del Derecho. Y así, distingue terminológicamente estas dos formas de expresión llamándolas, respectivamente, norma jurídica (puestas por la autoridad jurídica) y proposición jurídica (formuladas por la ciencia del Derecho). Dejaría entender Así que las normas en él son proposiciones jurídicas y que las proposiciones jurídicas son los enunciados con los cuales la ciencia del Derecho describe los comandos jurídicos.

Así, en Kelsen (1986, p.1, 197, 207), el término norma designa un mandamiento, una prescrción, una orden. Sin embargo, el mandamiento, para el autor, no es la única función de una norma. También conferir poderes, permitir, derogar son funciones de normas. Norma, afirma el citado autor da a entender a alguien que algo debe ser o suceder, siempre que la palabra "norma" indique una prescrción, un mandamiento. Su lenguaje es un imperativo o una proposición de deber-ser. Cabe señalar aquí que el enfrentamiento kelseniano entre norma y proposición se agrava con la idea de que las proposiciones de deber-ser tienen una significación prescriptiva, diferente de las proposiciones del ser que pueden ser verdaderas o falsas. La proposición cuya significación es una norma prescribe alguna cosa. No es verdadera ni falsa.

La aceptación de la existencia de proposiciones de deber-ser y de proposiciones del ser también se constata en una de las publicacciones póstunas de Kelsen Normas Jurídicas y Análisis Lógico (KELSEN - KLUG, 1984, p. 1-106), obra resultante de la correspondencia trabada con el mismo, que se ha convertido en una de las más antiguas de la historia de la humanidad. El texto revela la quelación llevada a cabo por Kelsen acerca de la posibilidad de considerar que los principios de la lógica pueden aplicarse tanto a afirmaciones (juicios) que pueden ser verdaderos y falsos como a normas, a prescripciones debidas, imperativas, órdenes, pretensiones, etc. A esa cuestión el célebre Profesor Ulrich Klug (27.4.1959) (KELSEN - KLUG, 1984, p. 3), Maestro de la Lógica Jurídica en Alemania, respondería:

> En cuanto a la materia misma, quisiera en primer lugar de sostener la tesis de que las reglas de la Lógica de hecho se aplican a ambos, es decir, tanto al Derecho, esto, a normas, como a la Ciencia del Derecho, es decir, al conocimiento de su objeto. Eso resulta ya que en ambos campos se trata de sistemas de proposiciones para los cuales se presupone, además, que, dentro de cada sistema, en principio las afirmaciones no dependen estar en contradicción entre sí. En su investigación acerca del concepto de orden jurídico (Logique et Analyse, 1958, Cuaderno 3-4). V. a la página 155 se refirió con razón a esta exigencia de exención de contradicción. Si, sin embargo, las proposiciones se contradicen, sólo se llegará a una unión mediante el empleo de las reglas de la Lógica.

Así, Klug aceptaría que también las proposiciones del deber ser capaces de ser concebidas como proposiciones de dos valores, que son falsas o verdaderas. De acuerdo con el citado autor, ellas expresan que un procedimiento del deber ser o es verdadero o es falso. De la forma, añade Klug, ninguna diferencia existe entre proposiciones del deber ser y del ser, pues en ambos casos parte la dedución de axiomas en las más derivables.

En cuanto a la posibilidad de considerar las normas como verdaderas y falsas y de aplicar reglas de la lógica al sistema de normas, Kelsen, en un manuscrito de 15.5.1959 escribiria:

> La aplicación de la Teoría Pura del Derecho principios lógicos a las normas de una orden jurídica, asevera que dos normas se contradicen cuando una prescribe que se debe proceder de una determinada forma y la otra que no se debe proceder Así, no pudiendo, por consiguiente, las dos normas se considerar válidas al mismo tiempo; y que la validez de una norma puede deducirse de la otra norma, pero únicamente de una norma, en el de un hecho. Desde que una norma -como orden, permisión, no puede ser verdadera ni falsa y los principios lógicos -según una concepción tradicional- sólo se aplican a afirmaciones que pueden ser verídicas o inverídicas, es de admitirse que el empleo de principios lógicos, con relación a normas, sólo es posible de modo indirecto o por analogía. Esta aplicación, la Teoría Pura del Derecho la justifica al distinguir entre las normas de una orden jurídica y las proposiciones de una Ética que traza estas normas, y que tiene este orden moral por objeto de su conocimiento, Así como al distinguir también entre las normas de una orden jurídica -las normas de Derecho- y las proposiciones de la Ciencia del Derecho, que describen esas normas jurídicas y que por objeto el conocimiento de este orden jurídico, por ejemplo, las proposiciones de Derecho. Estas proposiciones deben ser proposiciones del deber ser. No pueden afirmar que, de acuerdo con una determinada orden moral o jurídica se procede efectivamente de una forma de unión, pero únicamente que, de conformidad con el orden moral o jurídico, se debe proceder de determinada manera, aunque tal vez, en realidad, no se proceda así. (KELSEN - KLUG, 1984, p. 10-11)

En efecto, este interesante debate obligaría a Kelsen (en correspondencia de 28.7.1959) (KELSEN - KLUG, 1984, p. 33-34) a aceptar que las normas jurídicas también son propuestas. Y así concluir el autor:

> [...] Si los imperativos son "proposiciones", entonces las proposiciones jurídicas de la Ciencia del Derecho son en la verdad proposiciones acerca de proposiciones; sino las proposiciones de la Ciencia Jurídica son proposiciones de una naturaleza enteramente distinta de la de las proposiciones de la autoridad jurídica. Las primeras proposiciones declarativas, que pueden ser falsas o verdaderas; las últimas en él son de modo algunas proposiciones de afirmación, pero proposiciones imperativas, que no pueden ser verdaderas ni falsas. Ellas no afirman alguna cosa acerca de un objeto ya determinado, pero antes de nada; nada producen el objeto acerca de lo que algo podrá ser afirmado por la Ciencia del Derecho [...]. También la norma es una proposción que obliga, pero de modo alguno una

> proposición afirmativa, siendo un imperativo o, como también se dice, una sentencia imperativa.

El imperio del Derecho, siguiendo esta geografía teórica, llama a "proposiciones jurídicas" todas las diversas afirmaciones y alegaciones que las personas hacen sobre lo que la ley les permite, prohíbe o autoriza. Para ese importante autor, las proposiciones jurídicas pueden ser generales, menos generales o concretas. Así, Dworkin observa como juristas y jueces, así como las personas en General, presuponen que por el menos algunas de las proposiciones jurídicas pueden ser verdaderas o falsas. Los abogados hablan de lo que la ley "dice", o si la ley es "muda" sobre esta o aquella cuestión. Pero, para Dworkin son sólo figuras de retórica.

Según Dworkin, todos piensan que las proposiciones jurídicas son verdaderas o falsas (o ni una cosa ni la otra) en virtud de otros tipos más de proposiciones, de las cuales las proposiciones jurídicas sión parasitarias. Esas proposiciones más conocidas ofrecen aquello que Dworkin llama "fundamentos" del Derecho. Así, la proposición de que nadie puede dirigir a más de 90 kilómetros por hora en California es verdadera, piensa la mayor parte de las personas, porque la mayoría de los legisladores de aquel estado "sí", o llevaron la comisión cuando un texto sobre el asunto vino a parar en sus mesas. Podía no ser verdad si nada de eso hubiera sucedido.

Dworkin parece haberse decidido por la elección del camiño de la correspondencia empírica de las proposiciones en vez de la defensa del rigor lógico. Tal vez esa sea la causa por la cual el destacado autor insiste en la distinción de dos formas por las cuales abogados y jueces podrían divergir a propósito de la verdad de una proposición jurídica. Según el autor, ellos podrían estar de acuerdo sobre los fundamentos del Derecho, sobre cuando la verdad o falsedad de otras proposiciones más conocidas hace una proposición jurídica específica verdadera o falsa, pero podrían divergir por no saber si, de hecho, los fundamentos fueron observados en un caso concreto.

Así, Dworkin destaca la divergencia empírica y la divergencia teórica sobre el Derecho; en la primera, referida al hecho de discrepar en cuanto a las palabras del código (leyes) de la misma forma que divergen sobre cualquier otra cosa de hecho; la segunda es la divergencia en cuanto a los fundamentos del Derecho. De hecho, como afirma el autor, los juristas muchas veces divergen, entre otras cosas, sobre lo que el

Derecho realmente es. Esa, en nuestra opinión, sería el origen de todas las demás divergencias.

En cuanto a las teorías semánticas, Dworkin afirma que ellas presuponen que los abogados y jueces utilizan básicamente los mismos criterios (aunque éstos son ocultos y pasan desapercibidos) para decidir cuando las proposiciones jurídicas son falsas o verdaderas; que presuponen que los abogados realmente estén de acuerdo en cuanto a los fundamentos del Derecho. Esas teorías divergen sobre cuáles criterios los abogados de hecho comparten y sobre los fundamentos que estos criterios en la verdad estipulan. Las teorías semánticas más influyentes sostienen que los criterios comunes llevan la verdad de las proposiciones jurídicas a depender de ciertos eventos históricos específicos. Esas teorías positivistas, como sion llamadas, sostienen el punto de vista del Derecho como simple questión de hecho, aquel según el cual la verdadera divergencia sobre la naturaleza del Derecho debe ser una divergencia empírica sobre la historia de las instituciones jurídicas. Las teorías positivistas, Así, difieren entre sí sobre cuales hechos históricos son cruciales, y dos versiones han sido particularmente importantes en la doctrina británica. John Austin (abogado y académico inglés del siglo XIX) afirmaría que una proposición jurídica es verdadera en el interior de una determinada sociedad política desde que transmita correctamente el comando precedente de alguna persona o grupo en una posción social y soberana.

También, enseña Dworkin que la más importante y fundamental reformulación desa idea se encontró en la obra The Concept of Law, de HLA Hart, cuando el autor refutó la teoría que sostiene que la autoridad jurídica es un hecho puramente físico de mando y obediencia habituales y afirmaría que los verdaderos fundamentos del Derecho se encuentran en la aceptación por parte de la comunidad como un todo de una regla principal que él llamó regla de reconocimiento que atribuye a personas o grupos específicos la autoridad de crear leyes. Así, las proposiciones jurídicas en el sión verdaderas sólo en virtud de la autoridad de personas que suelen obedecidas, pero, fundamentalmente, en virtud de convenciones sociales que representan la aceptación, por la comunidad, de un sistema de reglas que otorga a tales individuos o grupos el poder de crear leyes válidas.

La respuesta de Hart genera otros debates que retoman los llamados fundamentos del Derecho, en lugar de discutir el valor de las proposiciones. Tales debates, de hecho, estimulan la revisión de otras importantes obras que, por razones de espacio y conveniencia, en el presente estudio, en el serión objeto de análisis específico, pero sólo referidas.

Con efecto, como piensa Dworkin, las teorías semánticas sostienen que los juristas siguen criterios que no son totalmente factuales, pero, por lo menos hasta cierto punto, morales, para decidir qué proposiciones jurídicas son verdaderas. La más radical de esas teorías, continuando con el autor, resalta que el Derecho y la justicia son identicos, de tal modo que ninguna proposición jurídica injusta puede ser verdadera. Para Dworkin esa teoría radical es bastante implausible enquanto teoría semántica, pues los abogados frecuentemente hablan de manera que la contradicen. Así, por ejemplo, en Grã-Bretaña y en los Estados Unidos, muchos juristas consideran el impuesto de ingreso progresivo injusto, pero ninguno de ellos pone en duda el hecho de que la ley de esos países fija el impuesto a tasas progresivas.

Alf Ros (2000, p. 29-33) destacaría la importancia de las proposiciones científicas. De acuerdo con el autor, ese debe ser el verdadero camiño científico para el análisis y el conocimiento del Derecho. De esta forma, atribuye un significado a la lingüística, por él entendida como una organización consciente del lenguaje en la representación real, oral o escrita. Así, sería imperativo hacer una distinción entre el signo y el significado, ya que expresiones diferentes pueden tener el mismo significado, así como una misma expresión puede, de acuerdo con las circunstancias, tener variados significados. Ros pretendía perfilar el camionero científico del Derecho, siguiendo un esquema proposicional que consideraría decisivo para considerar el Derecho como una verdadera ciencia.

Enseña el citado autor que "ocasiones expresiones lingüísticas poseen, adicionalmente, un significado representativo, es decir, la expresión indica, simboliza o representa un estado de cosas". No se trata, sin embargo, de una relación causal, pero lógica. En ese sentido sería posible distinguir entre expresiones que tengan tanto significado expresivo como representativo y expresiones que tengan sólo significado expresivo. En consecuencia, el autor confirmaría la existencia de tres tipos de expresiones lingüísticas, por ejemplo:

1. *Aserciones,* expresiones con significado representativo;

2. *Exclamaciones*, expresiones sin significado representativo y sin intención de ejercer influencia; y

3. *Diretivas*, expresiones sin significado representativo, mas con intención de ejercer influencia.

En cuanto a los antecedentes, Ros (2000, p. 29), al formular la pregunta: ¿a qué categorías pertenecen las oraciones encontradas en los reglamentos jurídicos? Y en el exclamacciones, ni aserciones, pues las leyes en el sión promulgadas a fin de comunicar verdades teóricas, sino para dirigir a las personas -tanto jueces y ciudadanos particulares- en el sentido de actuar de una cierta, la forma deseada. Por lo tanto, quedaría claro que las reglas jurídicas, por su tenor lógico, son directas cuando notamos que hay reglas jurídicas que expresan comúnmente usadas en directivas. Es el caso, por ejemplo, de normas penales que expresan que cualquier persona, bajo ciertas condiciones, "deberá ser sancionada" en cierto modo y, en el Derecho civil, reglas que expresan que una persona "tiene de" o "puede" hacer o en el hacer algo.

De acuerdo con Ros, lo mismo vale para la regla jurídica que se nos presenta gramaticalmente en el modo indicativo y aparentemente contiene una descrción (aserción), pues no puede haber duda de que su significado lógico no consiste en informar sobre hechos, sino prescribir un comportamiento.

Ros también se preocupa por la comprensión de las proposiciones vistas en un libro de Derecho y, aunque reconoce que ciertamente existe una similitud entre ellas y las normas jurídicas, destaca diferencias en el significado lógico de contar con construcciones en los dos contextos (explicativo y prescriptivo).

De acuerdo con el autor, no quedaría duda de que las proposiciones en un libro, por lo menos en cierto grado, pretenden describir, en el prescribir. En la medida en que la literatura jurídica pretende tener conocimiento de lo que es efectivamente el Derecho vigente, tiene que consistir en aserciones, no en directivas. Toda proposición de un libro, dice el autor, necesita ser entendida bajo la condción General de que el autor está exponiendo el Derecho vigente dentro de un sistema legal específico. En ese sentido, es evidente la diferencia entre las normas jurídicas y las proposiciones doctrinales de los libros. Las primeras siones directivas (alógicas), las segundas aserciones (lógicas). Aún el nuestro autor declara que si no se tiene en cuenta esa diversidad con claridad y si las normas jurídicas se colocan en el mismo plano de las proposiciones doctrinales que se refieren a ellas, de ello resultará necesariamente una visión distorsionada de unas y otras.

De acuerdo con Ros sería igualmente importante para la filosofía del Derecho operar con un término que distinga claramente el conocimiento del Derecho del propio Derecho. En relación con el conocimiento del Derecho el autor propone a la teoría de la doctrina de la ley ("ciencia del Derecho").

En el sentido de que la ciencia del Derecho es sólo un determinado tipo de ciencia, esto es, la ciencia jurídica que se orienta principalmente por la ley (o, si se preferir, por la "proposición jurídica") y no por los casos ya decididos. De acuerdo con el autor tal ciencia aparece como un proceso intelectual multímodo, cuyo resultado repercute en el contenido de la propia proposición jurídica.

Así, Larenz observa que el hombre se enfrenta a lo que tiene relevancia jurídica en el marco de su experiencia cotidiana y aprende a coñecer su significado jurídico. Así, de acuerdo con el autor, términos que expresan lo normativo, cobran el lenguaje de la Jurisprudencia un significado más pretencioso que el que tienen en el lenguaje corriente y General. De esta forma, Larenz, apoyándose en la filosofía del último Wittgenstein, observa que un término puede significar algo completamente distinto, según el contexto en que se usa, aunque expresa una realidad normativa o fáctica. Por lo tanto, los enunciados sobre el mundo de las normas tienen que ser considerados como un "juego de lenguaje" particular.

De acuerdo con el citado autor, para interpretar correctamente una defincíón (entienda proposción) demostrativa, debenos saber de antemano que papel debe desempeñar realmente la palabra, cada vez que el papel de los términos en un juego de lenguaje no es Así aprehensible con el mero recurso a una definición. Y especialmente no se puede aprehender el significado de un término en el contexto de un juego de lenguaje mediante la remisión a su significado en un juego de lenguaje distinto. En todo caso, afirma Larenz, se puede decir que el papel de una palabra corresponde al de otra en otro juego de lenguaje. Así, por ejemplo, la validez en sentido normativo expresa la efectividad de la norma en sentido sociológico, pero no se puede interdefinir ambos términos. No se puede definir el deber ser mediante expresiones del dominio del fático, como expectativa (de una sanción) o poder (mediante imposición), aun cuando ambas dimensiones aparecen interconectadas, una vez que una y otra no quieren decir lo mismo. Debemos tenerlo en cuenta, de modo mucho precoz, en qué sentido es que se usa un término, para que no se salga "de modo inconsciente de un juego de lenguaje, lo que significa siempre una confusión de concepto.

El autor entendería el juego de lenguaje como el modo especial por medio del cual se habla de determinado sector de cosas o ámbito de experiencia. Para el autor tales sectores serían, por ejemplo, la naturaleza inanimada y viva, la técnica, el arte, o incluso el Derecho. Así, si en un lenguaje se habla siempre sobre algo, en el lenguaje jurídico, esto es, normativa, el Derecho es la cosa de la que se habla.

Robert Alexy (2001, p. 26) nos enseña que podamos contemplar el discurso jurídico de modos muy diferentes. Él puede ser contemplado desde el punto de vista empírico, analítico o normativo. Es empírico, cuando describe o busca explicar la frecuencia relativa de dato tipo de argumentos, la correlación entre determinados grupos de oradores, el discurso de discurso, etc. Es analítico, cuando trata de la estructura lógica encontrada de hecho o en los argumentos argumentos. Finalmente, es normativo, cuando propone y justifica los criterios para la racionalización del discurso jurídico.

Por lo tanto, para Alexy (2001, págs. 19, 20),

> Hay circuntancias en que la gestión de un caso aislado no sigue lógicamente tanto de afirmaciones empíricas tomadas junto con normas presupuestas o proposiciones estrictamente fundamentadas de algún sistema de raciocinio [...]. La elección de la persona que decide es que determina qué proposición normativa singular debe ser afirmada (por ejemplo, nuna investigación científica de Derecho) o promulgada como un juicio en un caso. El contenido desa proposición singular normativa es una afirmación o comprobación de lo que se exige, prohíbe o permite a determinado individuo.
>
> Como se ve, Jürgen Habermas (1998) reconoce que todo lenguaje guarda una relación con el mundo, esto es, con un estado de cosas que puede expresarse en una oración enunciativa. En el caso de que el contenido enunciativo sea verdadero o falso, se preguntaría si ese contenido enunciativo es verdadero o falso. Conforme el citado autor hay una relación entre lenguaje y mundo, de suerte que la visión de validez se amplía junto a las pretensiones de verdad proposicional. Así, el lenguaje aparece como fuente primaria de integración social. Por lo tanto, el proceso de producción de normas que constituye el sistema jurídico es el auténtico lugar de la integración social, lo que hace que, en principio, todas las normas y valores queden expuestos a un examen crítico. Habermas entiende por sistema jurídico, en sentido amplio, los sistemas de ación jurídicamente regulados por medio de normas, en los cuales un ámbito nuclear de colectivo privado-autónomo de actos jurídicos constituye, en términos de Derecho reflexivo, las normas jurídicas materiales.

En la obra de RM Hare (1996, p.33 - 40) (El lenguaje de la moral) constatamos a tesis de que el lenguaje de la moral es una especie de lenguaje prescriptivo que puede ser clasificada de la siguiente forma: 1. Imperativos (singulares y universales y 2. Juicios de Valor (en morales y morales). Hare discute un tipo de lenguaje prescriptivo que está íntimamente relacionado con el lenguaje de la moral que el imperativo simple.

Es el lenguaje de los juicios de valor o morales, todas aquellas sentencias que incluyen las palabras "deber", "cierto" y "bueno". Así, el citado autor reconoce que existen diferencias entre afirmaciones y comando y que tanto los comandos como las afirmaciones pueden contradecirse. De ahí que, para decir cualquier cosa, tenemos que obedecer a determinadas reglas lógicas. Si alguna ciencia tiene como objetivo darnos un peso sustancial sobre los temas de hecho, entonces, si su método es deductivo, esas responsabilidades deben estar implícitas en las premisas.

De acuerdo con Hare, hay dos tipos de cosas que podemos decir; el primer tipo es Generalmente llamado descriptivo, el segundo tipo de evaluación (valorativo). Como ejemplos del primer tipo de comentario el autor cita: "Esta fresa es dulce" y "Esta fresa es grande, y jugosa". Como ejemplos del segundo tipo de comentario el autor destaca los siguientes: "Esta es una buena fresa" y "Esta fresa es justamente como las fresas deben ser". Por lo tanto, para Hare (1996, p. 119 - 120, 165),

> El problema también puede ser colocado de esta forma: si conocemos todas las propiedades descriptivas que tiene una fresa particular (si supimos, de cada sentencia descriptiva relacionada a la fresa, si son verdaderas o falsas) y, si supimos también el significado de la palabra "bueno" entonces, ¿qué más necesitaríamos saber para ser capaces de decir si una fresa es buena o no? Una vez planteada la cuestión de la forma, la respuesta debería ser evidente. Necesitaríamos saber cuales son los criterios en virtud de los cuales una fresa debe ser llamada buena, cuales son las características que hacen buena una fresa, o cuál es el patrón de bondad en fresas.

En cuanto a la prescrción, Hare afirma que la palabra deber es usada para prescribir, pero ya que la prescrción puede ser de más de un tipo, sería necesario hacer distinciones y Así, en varios ejemplos, destaca las palabras y frases: use, debe siempre utilizar, debe utilizar, etc.

Norberto Bobbio (2001, p. 73-74) define la proposición como un conjunto de palabras que poseen un significado en su propia vida. El autor considera irrellevante todo y cualquier conjunto de palabras sin significados. Un conjunto de palabras puede no tener un significado en su naturaleza, aunque teña un significado las palabras que el compoñam, como, por ejemplo: "César es un número primo"; "El triángulo es democrático".

Como advierte el citado autor, un conjunto de palabras sin significados no puede ser confundido con una proposición falsa. Una proposición falsa es siempre una proposción porque tiene un significado. De acuerdo con el autor, una proposición es falsa cuando, sometida al criterio de verdad del cual se dispone para juzgarla, se demuestra que no reúne los requisitos para ser afirmada como verdadera. Siendo una proposición sintética, el criterio para juzgarla es la mayor o menor correspondencia als hechos; siendo una proposición analítica, el criterio es la coherencia o validez formal. Sea como sea, para que una proposición posa ser verificada o falsificada es necesario que tenga un significado.

En este sentido, Bobbio, en las obras Teoría de la Norma Jurídica y Teoría General del Derecho, concomitantemente resalta que la forma más común de la proposición es lo que en la lógica clásica se llama juicio, una proposición compuesta de un sujeto y de un predicado, una cópula (S es P). Sin embargo, también confirma que no toda proposición es un juicio. Por ejemplo: "¡Mira!", "¿Cuántos años tienes?" Son proposiciones, pero no juicios. Por lo tanto, según el destacado autor, es menester distinguir una proposción de su enunciado. Por enunciado, Bobbio considera la forma gramatical y lingüística por la cual un determinado significado es expresado, por lo que la misma proposición puede tener enunciados diversos y el mismo enunciado puede expresar proposiciones diversas. Una proposción puede ser expresada por enunciados diversos cuando se altera la forma gramatical. Por otro lado, con el mismo enunciado se puede expresar, en contextos y circunstancias variables, proposiciones diversas.

Bobbio, igualmente, distingue varios tipos de proposiciones, de acuerdo con el criterio de la forma gramatical y de la función del lenguaje. Con base en la forma gramatical, las proposiciones se distinguen principalmente en declarativas, interrogativas, imperativas y exclamativas. Con respecto a las funciones, se distinguen en aserciones, preguntas, comandos, exclamaciones. Por lo tanto, analiza tres funciones del lenguaje, por ejemplo: descriptiva, expresiva y prescriptiva y nos enseña que de ellas se derivan tres tipos de lenguaje: el científico, el poético y el normativo. La función descriptiva, propia del lenguaje científico, consiste en dar informacciones, en comunicar las noticias, en la transmisión del saber, en suma, en hacer conocer; la función expresiva, propia del lenguaje poético, consiste en evidenciar ciertos sentimientos y en tratar de evocarlos, de modo a hacer participar a los demás de la situación sentimental; la función prescriptiva, propia del lenguaje normativo, consiste en dar comandos, consejos, recomendaciones, advertencias, influenciar el comportamiento ajeno y modificarlo, en suma hacer - hacer.

Así, concluye el citado autor que, desde el punto de vista formal, una norma es una proposición, esto es, un conjunto de palabras que tienen un significado. Un Código o una Constitución son un conjunto de proposiciones formuladas con enunciados diversos. Se trata, pues, de saber cuál es el estatuto de las proposiciones que componen un Código, una Constitución. En ese sentido, Bobbio sostiene la tesis de que las normas jurídicas pertenecen a la categoría General de las proposiciones prescriptivas. Ciertamente, la norma jurídica es una proposción cuya función es influir sobre el comportamiento ajeno para modificarlo (comando).

Como resultado del análisis y confrontación de las varias posturas adoptadas por los citados autores, constatamos la existencia del siguiente marco de discusión: a) Un primer grupo de autores, visivelmente influenciado por las tesis de Aristóteles (1996, p. 9, 13, 14, 15, 17, 18)[49], Gottfried Wilhelm Leibniz (2000, p. 81, 119, 354)[50] o tal vez por la obra de Ludwig Wittgenstein (1999, p. 62)[51], consideran que *proposción* y *norma jurídica* son cosas diferentes. Así siendo, a partir de la tesis de que "la significación de una construcción lingüística es su específica función: la designación de un objeto, la referencia a un objeto" (KELSEN, 1986, p. 44 y 120) 52, se discute que la norma no es una proposición jurídica, pues ella, la norma, tiene una función prescriptiva y la proposición jurídica una función descriptiva del Derecho, enunciados con los cuales la ciencia del Derecho describe los comandos jurídicos. En este primer grupo de autores se sitúan: Hans Kelsen, Ronald Dworkin, Alf Ros y Karl Larenz;

b) Un segundo grupo de autores considerarían que las proposiciones jurídicas pueden ser tanto descriptivas como prescriptivas. Se propone Así la idea de que la norma es una proposición jurídica (prescriptiva) y que el discurso jurídico puede ser tanto descriptivo-valorativo (doctrinas) como prescriptivo (normas). En segundo grupo se destacan los siguientes pensadores: Ulrich Klug, Robert Alexy, Jürgen Habermas, R. M. Hare y Norberto Bobbio.

---

49 Para Aristóteles toda proposición sería el enunciado de un juicio por medio del cual un predicado es atribuído a determinado sujeto.

50 Una proposición sería verdadera o falsa, dado que la misma proposición no puede ser a mismo tiempo verdadero o al mesmo tiempo falsa. De aquí, sería imposible que a una misma proposición podamos hacer recaer tales atributos. Por ejemplo, "Lo que es A no puede dejar de ser A". Consequentemente, "todo hombre es un animal" es una proposición verdadeira; portanto, no poderá existir hombre que no sea animal.

51 Proposición es aquello que puede ser verdadero o falso.

La problemática que deriva de la manera de significar las proposiciones jurídicas hace que el jurista contemporáneo se encuentre en una verdadera postura embarazosa. El dilema consiste en lo siguiente:

1 admitimos que la proposición sólo debe ser considerada como aquello que puede ser verdadero o falso o;

2 consideramos que, además de las aserciones, existen otras construcciones lingüísticas que se consideren proposiciones.

Asumimos una postura ante ese dilema, ora observando los siguientes sucesos:

Primera conclusión posible: Si admitimos que la proposición sólo debe ser considerada como aquello que puede ser verdadero o falso, estaremos obligados a aceptar que, en el Derecho, ya visto como un conjunto de normas, no existen proposiciones. Las normas jurídicas en el son proposiciones verdaderas o falsas, son directrices.

Segunda conclusión posible: Si admitimos que, además de las aserciones, existen otras construcciones lingüísticas prescriptivas que sión también proposiciones, estaremos forzados a concordar con la idea de que las normas jurídicas también son propuestas. Todos los artículos (normas o reglas), cláusulas contractuales, doctrina, principios, sentencias o aforismos jurídicos se formulan en forma de proposiciones y, por lo tanto, son proposiciones jurídicas.

Desde el punto de vista jurídico la falta de uniformidad con respecto a la significación proposicional repercute en el desarrollo teórico-práctico y científico del jurista moderno. En el Derecho no encontramos, al contrario de lo que sucede con otras ramas del saber humano, un grupo de respuestas único para las indagacciones ofrecidas por el trabajo investigativo (científico), como afirma Fernando Herren Aguilar (2003, p.11). Ante ese hecho, el estudio del Derecho no ha conducido a una respuesta de validez universal. Al contrario, como acentúa el autor, convivimos con innumerables corrientes, que resisten al tiempo ya las críticas permanentes formuladas por sus adversarios. Eso conduce a una situación compleja y dilemática para el estudioso del Derecho preocupado por métodos de trabajo.

Es la razón por la cual, pensamos, ciertas tesis se muestran inconsistentes para algunos e inconvenientes para otros. La consistencia y conveniencia de las tesis jurídicas históricamente se pretenden justificar usando algunos de los siguientes argumentos:

Primero, el Derecho y la justicia sión identicos, de tal modo que ninguna proposición jurídica injusta puede ser verdadera. Todo Derecho depende de la justicia, por lo tanto, en él predominan los criterios morales.

Observacciones:

El criterio anterior tiene como bandera el llamado Jusnaturalismo racionalista, perteneciente a la Escuela Moralista o del Derecho Natural. Aquí, el componente valorativo (deber ser) es predominante y decisivo para la definción del Derecho. Sin embargo, algunas teorías jusnaturalistas menos radicales reconocen que la moral no siempre es relevancial para la verdad de las proposiciones.

La tesis que considera el discurso jurídico como caso especial del discurso moral, defendida en una u otra versión, resulta plausible desde el punto de vista heurístico, pero sugiere una subordinación errónea del Derecho a la moral, no libera totalmente de las conotacciones del Derecho natural. La tesis pierde todo interés cuando se toma en serio tal diferenciación paralela, de Derecho y moral, como fundamentación. (HABERMAS, 1998: 305-306)

Segundo, el Derecho es un conjunto de normas y, por lo tanto, en el orden jurídico no existen proposiciones. Es una comprensión existencialista, por medio de la cual se defiende que en el Derecho sólo existen normas jurídicas creadas con la finalidad de reglamentar y ordenar la vida en la sociedad.

Observacciones:

En el caso de la “teoría de la norma”, “teoría imperativa de la norma”, “teoría pura del Derecho” y / o “teoría interpretativa”, es un argumento que tiene como punto de partida posible la aceptación de algunas de las siguientes teorías: “teoría normativa”, “teoría dogmática” que pertenecen a la Escuela Positivista - positivismo basado en la práctica. Aquí el componente normativo con énfasis en la relación lógico-formal entre normas es predominante. Se acepta el camino de la defensa del rigor lógico de las normas jurídicas en vez de su contrastabilidad empírica. Así, se acaba por definir el Derecho como siendo: una ciencia normativa o interpretativa de la norma o como mero objeto de las ciencias jurídicas.

Por lo tanto, se procura afirmar que el problema del Derecho, en la condición de problema científico, es un problema de técnica social, en un problema moral. La afirmación: "Cierta orden social tiene el carácter de Derecho, es una orden jurídica", no implica el juicio moral de calificar esa orden como buena o justa. Hay órdenes jurídicas que, desde cierto punto de vista, son injuriosas. Derecho y justicia son dos diversos conceptos. El Derecho, considerado como distinto de la justicia, es el Derecho positivo. Una ciencia de Derecho positivo debe distinguirse claramente de una filosofía de la justicia. (KELSEN, 2000, p. 8)

Así, como asinala Habermas, en contraposción a las escuelas realistas, algunos teóricos, como Hans Kelsen y HLA Hart, prefieren destacar el sentido normativo específico de las proposiciones jurídicas y de la estructura sistemática de un sistema de reglas como es el Derecho, porque tienen por finalidad posibilitar la consistencia de las decisiones que observan cuantos reglamentos y convierten al Derecho en algo bien diferente de la política. En contraposción als hermeneutas, acentúan la completitud de un sistema jurídico cerrado que sería impermeable a principios extrajurídicos. De acuerdo con Habermas, el positivismo llega a una falsa tesis de autonomía, pues entiende el Derecho como un sistema cerrado de reglas predeterminadas y pensadas para una aplicación específica, las cuales, en caso de colisión, necesitan la gestión del juez. Es, para el autor, una concepción unidimensional del Derecho como un sistema de reglas exentas de principios. (HABERMAS, 1998, p. 271, 278, 279)

Tercero, el Derecho tiene como finalidad ordenar la vida en sociedad, por lo tanto, las normas jurídicas tienen exclusivamente la finalidad de prescribir la conducta humana. Así pues, se acepta el camino de la contrastabilidad empírica de las normas y se excluye la defensa de su rigor lógico.

Observacciones:

Este argumento parece tener como punto de referencia posible la defensa de algunas de las siguientes teorías: "Teoría del Derecho libre", "teoría psicológica del Derecho" y / o "Teoría del Derecho como asunto", todas ellas vinculadas a la Escuela del realismo jurídico, por ejemplo, norteamericana y escandinava, las cuales atribuyen mayor preponderancia al componente factual del Derecho, acabando por definirlo como un arte de juzgar o como una ciencia dogmática (o jurisprudencia).

De estos argumentos, Generalmente se hacen derivar teorías semánticas que sostienen al Derecho como una simple questión de hecho. De ahí, si nos presenta el Derecho como una ciencia empírica, en el teórico; el criterio de falsedad de las proposiciones jurídicas dependería de la relación existente entre las proposiciones y los hechos del mundo jurídico. Las proposiciones jurídicas serían "verdaderas" a causa de su relación con un hecho empírico y en la cuestión de la defínción.

Otra corriente que también considera los hechos como componente principal es la fenomenológica. La propuesta que parece corresponder con las conocidas "teoría estatalista del Derecho", "teoría institucionalista del Derecho" y/o con la "teoría fenomenológica del Derecho", todas ellas pertenecientes al positivismo que acaba por definir el Derecho como: "una asociación" , como "un instrumento de poder", como "voluntad de la clase dominante erigida en ley", como "forma de conciencia social", como "relación jurídica", como "ideología", como "fenómeno histórico", como "fenómeno social" , como "ciencia empírica" o como "un organismo objetivo de la libertad humana", etc.

La confrontación entre las tesis normativas, que siempre corren el riesgo de perder el cuentato con la realidad social y las objetivas que eliminan todos los aspectos normativos, puede servir de advertencia para en el privilegiario neñuna de la unión a una determinada disciplina, pero para estar abiertos a distintos puntos de vista metodológicos, a diversos objetivos teóricos, a las diversas perspectivas que abren los distintos roles sociales (juez, político, legislador, cliente de las burocracias estatales y ciudadanos) y las distintas actitudes en lo que se refiere a la pragmática de la investigación (hermeneutica, crítica, analítica, etc.). De ahí que, metodológicamente, las órdenes legales puedan ser analizadas tanto "desde arriba" como "desde abajo"; siendo cierto que una sociología que procede en términos reconstructivos tiene que hacer justicia a ambas perspectivas. De esta forma, el discurso sociológico acerca del Derecho se puede conectar también con el discurso filosófico acerca de la justicia y trascender también a los límites de éste.

Cuarto, el Derecho es un área del conocimiento humano conformada por doctrinas (teorías), normas (reglas) y hechos. Por lo tanto, se reconoce la existencia de proposiciones jurídicas: prescriptivas, descriptivas y valorativas y se defiende tanto la evaluación del rigor lógico de las proposiciones jurídicas como su contrastabilidad empírica, importando también el esfuerzo metodológico de clarificación y coherencia del lenguaje del Derecho, la defensa de la concepción analítica del saber jurídico.

Observacciones:

Es un argumento que parece estar vinculado a la concepción tridimensional del Derecho, por ejemplo: tridimensionalismo genérico (por ejemplo, Norberto Bobbio) o específico (por ejemplo, Miguel Reale). Los componentes predominantes en esta propuesta son: 1. el normativo; 2. el valorativo; y 3. el factual (norma, valor y hecho). Por lo tanto, si nos presenta el Derecho como siendo: "una ciencia sistemática" o "un objeto de tres ciencias distintas, por ejemplo: de la Sociología del Derecho, en cuanto a su formación y evolución (eficacia), de la Jurisprudencia o ciencia formal del Derecho, de la Filosofía del Derecho, en cuanto a su estructura formal (validez) y en cuanto a su valor (problemas ideales de justicia)", etc.

Tales divergencias, efectivamente, actúan como antecedente decisivo la tesis: proposción es aquello que puede ser dicho verdadero o falso, lo que supone que un conjunto de palabras es considerado una proposción cuando de él deducimos una verdad o una falsedad. Es, de acuerdo con ese razonamiento, que algunos autores admiten como proposición aquella construcción lingüística que puede ser dicha verdadera o falsa, por lo tanto, verdad y falsedad son atributos auxiliares de la significación proposicional.

Así, las tesis: 1. "Toda proposición es el enunciado de un juicio por medio del cual un predicado es atribuido a determinado sujeto" (Aristóteles); 2. "*proposción es lo que puede ser verdadero o falso "(Wittgenstein); y 3. "Es imposible que una proposición no sea ni verdadera ni falsa"* (Leibniz), y en el sentido de que los comandos y las conjeturas también son parte de los juegos de lingüísticos y cuando se consideran los axiomas jurídicos (máximas o aforismos) como verdaderas proposiciones, Así incluidos en la conclusión de John Locke (1999, p. 247, 253, 261) y del propio Leibniz. (2000, p. 81, 119, 354, 267)

En el caso de los axiomas (máximos o aforismos) en el son considerados verdaderos o falsos, pero máxima o aforismos, hay una buena razón para observar, primero, que no todo axioma fue construido observándose la relación sujeto-predicado (S es P) y, segundo, que rigen las ciencias. Se ven dos ejemplos siguientes:

1 *Absolvere debet iudex potius in dubio, quam condemnare* [En la duda, el juez debe antes absolver que condenar].

2 *Acta simulata veritatis substantiam mutare non posunt* [Los actos simulados no pueden cambiar la sustancia de la verdad].

Tales sentencias parecen ser directivas, esto es, expresiones sin significado representativo, pero con intención de ejercer influencia en los juristas o hermeneutas: jueces, etc.

Tamaña inconsistencia hace derivar de la composición proposicional, como visto, el enfrentamiento entre proposición y norma jurídicas. Sin embargo, creemos que la formulación o reformulación de un concepto proposicional no es suficiente para aclarar el estatuto epistemológico de las proposiciones jurídicas. Así, continuando con ese empeño, en las siguientes seciones reflexionamos sobre la tipología, estructura lógica y el valor metodológico de las proposiciones en el Derecho.

5.1.2 Sentido hermeneutico

Otro sentido importante del Derecho es el hermeneutico, por medio del cual se considera la interpretación como una de las tareas más importantes del jurista, esto es, la interpretación de textos jurídicos explicativos (doctrinales) y prescriptivos (normas) que se desarrolla llevando en cuenta determinadas diferencias a ellos referidas.

Conforme a la perspectiva hermeneutica, se considera el Derecho como una ciencia interpretativa de la norma, concepción aquella que data del siglo XIX, pero que, como actividad preponderante, aunque incipiente, ya había sido iniciada por los llamados glosadores, principalmente, en el siglo XI, época en que nacería la llamada Ciencia europea del Derecho (de Boloña), cuando aparecería una reseña crítica de los Digestos justinianeus transformados en texto escuelar del jus civile europeo. Los juristas de la época tomaron como base los textos de Justiniano y pasaron a darle un tratamiento metódico, cuyas raíces estaban en las técnicas explicativas usadas en clases. Se desarrolla, pues, una técnica especial de abordaje de textos prefabricados y aceptados por su autoridad, caracterizada por la glosa gramatical y filológica, por la exégesis o explicación del sentido, por la concordancia, por la distinción. En la lectura y aplicación de los textos dogmáticos, el jurista se empeñaba en una armonización, buscando paralelos y concordancia entre ellos, buscando también distinguir peculiaridades de las reglas, sanando, Así, las contradicciones. Esa tarea puede ser denominada exegética o interpretativa, era el modo de enfrentar la falta de acuerdo relativamente común de los textos. (FERRAZ, 1980: 21-22)

En el Derecho moderno, la interpretación (el dominio de su hermeneutica) se vuelve cada vez más importante, y queda evidente la necesidad de una formación profesional que desarrolle las habilidades primarias del exegeta, que prime la comprensión de textos jurídicos. Al observar esa necesidad, la Teoría del Derecho privilegia los problemas basilares de la interpretación, por ejemplo, "¿qué?", "¿Por qué?", "¿Para qué?", "¿Cuándo?" Y "¿cómo?" Interpretar, cuentos sión las que el instituto jurídico ha de prestigiar.

La perspectiva (sentido) hermeneutica apunta hacia una necesidad intelectual propia del conocimiento y de la solución de problemas que derivan de la doble relación del hombre con la naturaleza y el hombre con su historia. Por lo tanto, la interpretación es de extrema importancia para el acceso al conocimiento, la argumentación y la búsqueda jurídica. Por ese motivo, la interpretación jurídica se vuelve necesaria al trabajo teórico y práctico por expresar el Derecho en un conjunto de teorías, discursos, prescripciones y prácticas.

Pero ¿qué es interpretar?

Interpretar (interpretare), para el sentido común, significa ajusticiar la intención, o sea, buscar el sentido de las palabras que se unen en un texto. Y aquí se coloca la "interpretación" como una actividad mental que consiste en desvelar el sentido y alcance de la palabra hablada y también de la escritura.

Pues bien, acerca del asunto que nos ocupa, observamos una dada diferencia entre la interpretación y la comprensión. En la opinión de Ricoeur (1976: 85), por aproximar y hacer contemporáneo y semejante lo que se significa, esto es, por hacer propio lo que en principio era estraño. Es, pues, la interpretación de un concepto que identifica todo el proceso que abarca la "explicación" y la "comprensión". La primera, que apunta a la estructura analítica del texto, y la segunda, que se dirige más a la intención intencional del discurso.

Al comprender, de hecho, enseña Anne-Marie Chartier (1996, p. 119), elaboramos nuevas representaciones.

> En este caso, como en la experiencia 'vivida', comprender es siempre formar representaciones mentales de la situación propuesta, enriquecer y estabilizar progresivamente esas representaciones, interpretando los datos nuevos en función de los esquemas ya memorizados. En el caso de que se produzca un

> cambio en la calidad de la información, se debe tener en cuenta que, en el caso de que se produzca un error, conciencia del sujeto.

En ese paso, la interpretación parece ser un acto necesario con el deseo de descortinar el significado de las palabras dentro de las proposiciones y las proposiciones dentro de un contexto. Por lo tanto, comprender el sentido del locutor y de la enunciación constituye un proceso único y circular, siendo la relación entre el concepto de interpretación y el de comprensión, la que nos permite la comunicación de los problemas técnicos de la exégesis textual a los problemas más generales de la significación y de la (RICOEUR, 1978: 8). Se hace necesaria la interpretación porque nos une con el mundo se vuelve indirecta, esto es, mediada por determinadas construcciones lingüísticas.

Se podría decir, con efecto, que la interpretación es un proceso que se desarrolla con el deseo de desvelar el significado y alcance (repercusión) de lo que oímos o leemos. Por lo tanto, para una mejor caracterización de los procesos interpretativos, algunas importantes sumas decisivas, por ejemplo: a) ¿qué interpretar, esto es, el objeto de nuestras interpretacciones: las palabras, las frases o sentencias o las proposiciones ?; b) ¿por qué y para qué interpretamos?, es decir, ¿cuáles son verdaderamente los objetivos de la interpretación ?; c) ¿toda lectura implica interpretación, o mejor, la interpretación es un mero proceso de lectura ?; d) ¿cuándo estaremos seguros de que las nostras interpretacciones sión metodológicamente correctas?

Un aspecto importante del discurso es que siempre se dirige a una o varias personas destinatarias y es esa relación: "sujeto emisor" (quien habla o escribe alguna cosa) - "sujeto receptor" (quien oye o lee) los que hacen del lenguaje un instrumento de la comunicación. De ahí el carácter dialéctico visto entre hablante, oyente y mensaje. Es la relación que hace del lenguaje un proceso por el cual la experiencia privada se hace pública; siendo ella (el lenguaje) "la exteriorización gracias a la cual una impresión es trascendida y se convierte en una". (RICOEUR, 1976, p. 30)

Ya, como objeto de la interpretación jurídica en muchas investigaciones científicas se observa el "discurso", o sea, el texto como resultado de la fijación del lenguaje. En verdad, es el contenido proposicional del discurso lo que se puede comunicar. De ahí que, en los procesos interpretativos, lo que más debe interesar es el sentido del discurso, esto es, el sentido de las proposiciones que lo constituyen.

Admitido ese hecho, parece probable que, en vez de interpretar palabras Aisladas, se necesita interpretar el sentido de las proposiciones dentro de un contexto.

Quisiera ver que cuando interpretamos es el sentido del conjunto proposicional lo que buscamos comprender y así significar lo que el autor quiere decir. Por lo tanto, comprender un texto sería interpolar entre los predicados de la situación todas las significacciones. Por lo tanto, lo que primero entendemos en un discurso no es otra persona, sino un "proyecto", esto es, el esbozo de un nuevo modo de estar en el mundo. Es el designio del discurso como proyección de un mundo. (RICOEUR, 1976, p. 47)

La primera que nos toca hacer la hermeneutica jurídica contemporánea es que debéis acabar de definir el objeto sobre el cual recaen en las interpretaciones. De acuerdo con ese entendimiento, al hablar específicamente de la interpretación jurídica no sólo nos referiremos a la interpretación de la ley, sino también a la interpretación de otros contextos, de ahí la idea de que los procesos interpretativos recaen sobre todo tipo de proposiciones, tanto doctrinal o normativa.

Lo que aquí proponemos parece directa o indirectamente justificarse con la evolución del pensamiento metodológico de algunos importantes autores. (Por ejemplo, en su obra obra Teoría General del Derecho y del Estado considera que la tarea de la ciencia del Derecho es describir el Derecho de una comunidad. Así, el autor observa la existencia de enunciados, por medio de los cuales la ciencia jurídica describe el Derecho, que no debe confundirse con las normas creadas por las autoridades legislativas que son prescritas.

En su forma, su autor enseñaría que el jurado jurídico se dirige a aquellas normas que poseen el carácter de normas jurídicas y confieren a determinados hechos el carácter de actos jurídicos (o antijurídicos). En efecto, el Derecho, que constituye el objeto de este conocimiento, es un orden normativo de la conducta humana, es decir, un sistema de normas que regulan el comportamiento humano. Con el término "norma" se quiere significar que algo debe ser o suceder, especialmente que un hombre se debe conducir de determinada manera. (KELSEN, 1998, p. 5)

Alf Ros (2000, p. 29-33) se interesaría por una epistemología que designa la comprensión de las clases de proposiciones válidas científicamente. Ros pretendía perfilar el camino científico del Derecho siguiendo un esquema proposicional que consideraría decisivo para considerar el Derecho como una verdadera ciencia. Así, el citado autor se preocupa por el significado de las proposiciones vistas en un libro de Derecho y, aunque reconoce que ciertamente existe una similitud entre ellas, las normas jurídicas, destaca una diferencia en el significado lógico de las mismas oracciones en los dos contextos.

De acuerdo con el autor, no quedaría duda de que las proposiciones en un libro, por lo menos en cierto grado, pretenden describir, en el prescribir. En la medida en que la literatura jurídica pretende ser conocimiento de lo que es efectivamente el Derecho vigente, tiene que consistir en aserciones, no en directivas. Toda proposición de un libro, dice el autor, necesita ser entendida bajo la condción General de que el autor está exponiendo el Derecho vigente dentro de un sistema legal específico.

En el capítulo IX (Paradigmas del Derecho) de su obra Facticidad y Validez, afirmaría la existencia de proposiciones normativas al reconocer que desde las grandes codificacciones del siglo XVIII el Derecho vigente resulta primariamente apreensible en la forma de textos: las proposiciones normativas contenidas en los códigos informan las normas vigentes. Tales proposiciones normativas constituyen la base de la jurisprudencia. Y a partir de ellas la dogmática jurídica se esfuerza por interpretar el Derecho vigente. Ya, la teoría y la historia del Derecho cultivan una ulterior objetivación de la comprensión de textos legales y sistemas de reglas, aunque en direcciones opuestas. Es evidente que los especialistas no sólo interpretan las distintas proposiciones normativas a partir del contexto que cuentos proposiciones tienen en el "corpus" del Derecho considerado en conjunto, sino también a partir de una pre-comprensión de la sociedad contemporánea, la cual resulta rectora del trabajo de interpretación.

Ante semejantes argumentos planteamos la cuestión de la necesidad de la investigación de la comprensión epistemológica de las proposiciones jurídicas. Por eso, adoptamos ese como nuestro problema de investigación para una disertación (Disertación presentada al Programa de Maestría en Filosofía de la Universidad San Judas Tadeu, para la obtención del Título de Maestro - 2002-2005). Nesa nueva empresa consideramos de gran valor demostrar que las proposiciones del Derecho en el son única y exclusivamente prescriptivas (prescriciones), pero también descriptivas y valorativas.

De hecho, aceptar que toda proposición jurídica es prescriptiva implica reconecerlas como formas de saber teórico en el sentido de constatación, sino como un saber práctico que nos dice lo que debe ser hecho en cuentos y cuentos (FERRAZ, 1980, p. 55). Quiero afirmar que junto a las prescriptivas también existen proposiciones descriptivas es aceptar que la interpretación jurídica no se limita a la mera interpretación de normas, sino también a la interpretación de las teorías que representan todo el conocimiento o saber jurídico existente y que forma parte de la ciencia del Derecho en cualquier circunstancia (contexto), es decir, tiempo y lugar. En él versaría toda disputa por el objeto de la teoría de la interpretación jurídica.

Así, el proceso de interpretación de un texto que se desarrolla primer a partir del análisis estructural del texto, ya visto como objeto inmediato, y según el abordaje subjetivo del mismo (objeto mediato). Es importante destacar que no procede, siguiendo las enseñanzas de Ricoeur (1976, p. 99), no se debe identificar la comprensión con la aprehensión intuitiva de la intención subyacente al texto.

En el proceso de interpretación jurídica normativa tenemos como objeto inmediato la ley y más específicamente la norma y como objeto mediato el Derecho derivado: reconocimiento, facultad, derivada de la relación entre norma y hecho. La interpretación de las teorías o doctrinas aborda el texto (objeto inmediato) para derivar de un significado (sentido) que, de acuerdo con Ricoeur (1976, p. 102), no se refiere a la idea que uno tiene en su mente, pues no es un contenido psíquico, sino un objeto ideal que puede ser identificado y reidentificado por diferentes individuos en tiempos diferentes como uno solo y que tiene un valor y oportunidad. Eso es logrado con el auxilio de la hermeneutica que como teoría nos proporciona las reglas interpretativas, quedando de lado la voluntad, las emociones y creencias. Por lo tanto,

> No es la búsqueda del autor, que se encuentra supuestamente oculta detrás del texto; no es la situación histórica común al autor y a sus lectores originales; en él son las expeccciones o sentimientos de esos lectores originales; ni siquiera la autocomprensión que tenían como fenómenos históricos y culturales. Lo que importa es apropiarse del sentido del propio texto, concebido de un modo dinámico como la dirección del pensamiento abierta por el texto. Por otras palabras, aquello que importa apropiarse nada más es que el poder desvelar un mundo que constituye la referencia del texto. La no apropiación no es algo de la mente, no es la intención de otro sujeto, presumiblemente escondido detrás del texto, sino el proyecto de un mundo, la proposición de un modo de ser en el mundo, que el texto revela ante sí mismo. De ahí que la interpretación sea el proceso por el cual el desvelo de nuevos modos de ser, esto es, de nuevas formas de vida, proporciona al sujeto una nueva capacidad de a sí mismo a conocerse. (RICOEUR, 1976, p. 104-106) Justifica la interpretación jurídica el hecho de que no siempre existe un claro deslinde entre el acontecimiento social y el texto jurídico. Aquí el operador del Derecho enfrenta el problema de la elección correcta, entre varias, de la norma aplicable; pues, como se sabe el ordenamiento jurídico se

> constituye como un conjunto de normas ordenadas y sistematizadas, de acuerdo con criterios diversos.
>
> Otra de las causas de la interpretación jurídica puede consistir en el hecho de que las leyes positivas se formulan en términos generales. El legislador fija reglas, consolida principios, establece procedimientos, en lenguaje claro y preciso, pero amplio, sin bajar las minucias. De ahí la necesidad de investigar la relación existente entre el texto abstracto y el caso concreto, esto es, entre la norma jurídica y el hecho social.

Para ello, es menester un trabajo preliminar que consiste en procurar entender el sentido verdadero de la regla positiva y, concomitantemente, su respectivo alcance y extensión. En esta perspectiva la interpretación será siempre necesaria, pues el legislador establece reglas generales y en las prescripciones particulares, o mejor, preceptos comunes a todos los ciudadanos. Siendo cierto que "la norma es General, porque su precepto se dirige indiscriminadamente a todos. Especificando mejor, a todos, según la igualdad de acuerdo. A todos los brasileños natos, a todos los empleados públicos, a todos los ingenieros agrónomos, etc. Se forma una progresión del más General (brasileños) al menos General o especial (ingenieros agrónomos con curso de post-graduación)". (RICOEUR, 1976, p 179)

Damos como cierto que los problemas de la interpretación de las normas también están vinculados al lenguaje ya la lógica jurídica y por este motivo al interpretar si deben utilizar métodos que permitan la verificación de la búsqueda del texto del texto jurídico por medio del análisis del sentido de las palabras utilizadas. El conocimiento del uso del lenguaje y de la lógica jurídica nos ayuda a comprender el sentido dado a la redación del texto. Igualmente, el conocimiento del uso del lenguaje y de la lógica jurídica es una herramienta fundamental que nos permite argumentar una sentencia, fundamentar adecuadamente un informe y realizar todo el trabajo de aplicación de la ley.

Es posible, con efecto, que una palabra Esolada no adquiera un significado propio; no siempre una palabra es suficiente para representar una idea. Tampoco la combinación de dos o más palabras (frase) es condición para significar alguna cosa.

Lo que tengo que decir es que; frases sin sentido no expresan nada, por lo tanto no merecen interpretación. Además de eso, ciertas frases con sentido pueden resultar ser oportunas o oportunas para algunos, pero no aceptadas (no válidas) por una parte de la comunidad.

De ahí que todo trato recae sobre frases a las cuales normalmente atribuimos uno o varios sentidos. Yo digo: proposiciones, es decir, construcciones lingüísticas por medio de las cuales, de forma lógica y coherente, buscamos describir, explicar, relacionar o prescribir alguna cosa (objetos, fenómenos, ideas y conductas). Es el contenido de un enunciado. Poco nos importa si ese contenido no existe como entidad abstracta (como dicen los nominalistas), o si es un constructo mental (como dicen los conceptuales), o si, finalmente, existe en un mundo ideal (como dicen los platónicos).

De hecho, son las proposiciones las que no siempre comprendemos uniformemente. Es su aparente correspondencia con un mundo que parece exigir del lector una interpretación. Así siendo, bajo la noción de la unidad del lenguaje humano, los procesos interpretativos se desarrollan respetando una visión de "estructura", "orden" o "sistema". Nesa perspectiva el lenguaje sería incluso un instrumento del conocimiento, una herramienta por medio de la cual un sujeto tiene la intención de producir en otro cierto estado mental que le permitirá recobrar una unión: promesa, deseo, orden, etc. oculta nuna aserción, pregunta o en un imperativo. Es la relación proposición-enunciada que aquí también privilegiamos.

Es evidente que, aunque los textos jurídicos en el sión escritos de la misma manera, todo el trabajo jurídico siempre se hace recaer sobre la necesidad de comprender el sentido y el alcance de las palabras y proposiciones dentro de un contexto jurídico.

Se puede, pues, admitir que un texto objetivado es, de hecho, el instrumento mediador entre el escritor y el lector. Como quiere que sea apropiarse de la dirección deseada el texto parece ser el objetivo último de toda interpretación. (RICOEUR, 1976, p. 104)

Creo, pues, justificable a tesi de que la ciencia jurídica, en su perspectiva hermeneutica, puede ser vista como constitutiva de un conjunto de actividades interpretativas que buscan comprender el comportamiento humano. De ahí que cualquier teoría sobre la interpretación del Derecho trate de explicar, además de la importancia del lenguaje jurídico, un sentido, esto es, la comprensión del porqué de las proposiciones jurídicas, siguiendo la sistemática de las mismas dentro de un contexto.

En el proceso de análisis y comprensión de la realidad y de los textos está implícito un tipo específico de unilateralidad que fundamenta el carácter conjetural de la interpretación y que limita la credibilidad de los métodos interpretativos. "He aquí, como bien acentúa Ricoeur," la exégesis ya nos ha habituado con la idea de que un texto tiene varios sentidos, de que tales sentidos se imbrican uno en el otro, de que el sentido espiritual es "transferido" del sentido histórico o literal por el aumento de sentido de este". (RICOEUR, 1978, p. 14)

Porque el lenguaje sólo aprehende la espina en la superficie de la vida nos surgen las siguientes preocupaciones (RICOEUR, 1976, p. 75):

a) ¿cómo y cuándo saber que las nostras interpretacciones son ciertas?;

b) ¿cómo garantizar la objetividad de un conocimiento científico si en vez de verdad o certeza lo que existen son múltiples interpretacciones?

Ciertamente, la metodología para la interpretación de textos todavía está por ser construida. Así, es la inexistencia de métodos para conjeturas a que hace legítima la búsqueda de técnicas y reglas que nos permitan la prueba y la crítica científica. Por lo tanto, nada impide el ejercicio de la crítica cuando tratamos de ofrecer una mejor comprensión de los textos. Esto es lo que estimula a los estudios sobre las formas de construir los procesos interpretativos.

La verdad es que cada forma de interpretar corresponde a uno o varios métodos interpretativos, muchas veces diferentes y hasta opuestos. Eso porque a un mismo texto todavía se pueden asignar varios sentidos. Así, por ejemplo, en la Historia, en la Teología, en la Filosofía y en el Derecho encontramos formas diferentes de significar las mismas cuestiones y de abordar los mismos textos.

En efecto, si un texto puede tener varios sentidos, por ejemplo, un sentido histórico y un sentido espiritual, desea recordar una noción de significación mucho más compleja que la de los signos dichos unívocos, exigida por una lógica de la argumentación. En fin, el propio trabajo de la interpretación revela un plan profundo: el de superar una distancia, un alejamiento cultural, el de equiparar al lector a un texto que se ha vuelto extraño y, Así, incorporar su sentido a la comprensión presente que un hombre puede obtener de él mismo. (RICOEUR, 1978, p. 8)

También puede suceder que una interpretación sea hoy más aceptable que ayer y, aún, menos aceptable de lo que será el mañana. Esto porque el avance de las ciencias, de las técnicas y de la tecnología hace y hará posible la constatación y comprensión de ciertas relaciones antes en el observadas o comprendidas y la solución de nuevos problemas.

Además del citado, tres objeciones merecen destaque:

Primera, es cierto que por medio de los conceptos y proposiciones significamos los objetos y fenómenos; pero también es cierto que tales construcciones en el son fotocopia exacta de la realidad observada, ya que no siempre son capaces de representar, integralmente, todas y cada una de las cualidades o características pertenecientes a dichos objetos.

Segunda, no siempre tratamos con conceptos concretos (o con proposiciones sintéticas). Con frecuencia, lidiamos con ideas abstractas, lo que hace que se dude de la objetividad (valor y certeza) del conocimiento, o de cualquier tipo de referencia que tenga como base tales conceptos abstractos, ejemplo, belleza, bondad, justicia, democracia, equidad, verdad, etc.

Tercera, dentro de un contexto dado, las palabras pueden parecer ser vagas o ambiguas y las proposiciones contradictorias e inconsistentes. Es lo que llaman palabras polisemicas, esto es, palabras que llevan un mal significado.

Pienso, por ejemplo, que la anterior problemática constituye la razón de las falsas creencias, de conflictos teóricos, de disputas y de guerras. Son los que nos hace dudar de la objetividad del conocimiento humano en General y de algunas teorías y críticas científicas en particular.

Hagamos ahora, las siguientes preguntas:

a) ¿Cuántas formas de interpretacciones existen?

b) ¿Todas las interpretacciones tienen la misma relevancia?

c) ¿Cuál método se debe adotar para desarrollar un proceso de interpretación eficiente?

Ante los cuentos, urge al investigacióndor preocuparse por la demostración de sus resultados y en la búsqueda de verdades aparentes, objetivos Generalmente vistos como inalcanzables. Es necesario preocuparnos por la coherencia de nuestras proposiciones y teorías, procurando demostrar que, para llegar a un resultado, fuimos capaces de recorrer un camino, usar una lógica (metodología) dentro de un proceso que aquí llamamos investigación.

En el plano epistemológico, se dice no haber dos métodos, el método explicativo y el método comprensivo, siendo que sólo la explicación es metódica. La comprensión es, antes, el momento no metódico que en las ciencias de la interpretación se forma con el momento metódico de la explicación. Este momento precede, acompaña, limita y también abarca la explicación. En cambio, la explicación desarrolla, analíticamente, la comprensión. (RICOEUR, [s.a.], p. 182)

La conclusión es que tales divergencias también están presentes en el Derecho, cuestión que estimula, por parte de los juristas, el estudio de las reglas de la hermeneutica.

Ahora nos ocupamos con la justicia jurídica. Se trata de lo siguiente: la hermeneutica ha sido definida como la disciplina que nos auxilia en la comprensión de los textos, llevando en cuenta la intención y fundamento de lo que se pretende transmitir. Es, pues, según Ricoeur (1978, p. 8, 18), una disciplina que pone en juego el problema general de la comprensión; toda hermeneutica es, explícita o implícitamente, la comprensión de sí mismo mediante la comprensión de otro. Así, parece ser la idea de que la tarea de la hermeneutica será reconstituir el doble trabajo del texto: en nivel de la dinámica interna que preside la estructuración de la obra -el sentido - y en el nivel del poder que tiene esa obra para proyectarse fuera de si, generando un mundo - la referencia. (RICOEUR, [s.a.], p. 7)

Desde el punto de vista jurídico, la hermeneutica (hermeneutica jurídica) objetiva el estudio y la sistematización de los procesos aplicables para determinar el sentido y el alcance de las expresiones del Derecho (MAXIMILIANO, 1996, p.1). Es no obstante que la hermeneutica jurídica funciona como una parte de la ciencia del Derecho que auxilia los procesos interpretativos.

Vale aquí observar una importante distinción entre el campo de acción de la interpretación y de la hermeneutica. Si se trata de un proceso por el cual se pretende alcanzar un fin (precisión del sentido y alcance de la norma), la hermeneutica es la teoría que sirve de herramienta para alcanzar ese fin, pues los criterios hermeneuticos orientan a la demanda jurídica.

Deben admitir que el estudio de las técnicas interpretativas es extremadamente relevante para todo estudioso del Derecho. Se ha dicho que tal estudio deriva del interés público, que exige que las leyes tengan escritura fiel al pensamiento del legislador. Es de interés público la interpretación de las leyes, porque ninguna ley se hace en el ser para utilidad pública. Entonces, si es el interés público que hace la ley, es necesario que ella tenga una ejecución uniforme y no puede existir sin que haya reglas comunes que sujetan el espíritu de los que se hallan encargados de ejecutarla. (PAULA, 1984, p. 3)

Se habla así de técnicas interpretativas como procedimientos interpretativos que se siguen con la finalidad de captar el sentido y alcance de la proposición jurídica dentro de un determinado contexto, esto es, doctrinal o normativo. En el caso de que el punto de partida de toda interpretación sea la letra (el sentido propio de las palabras) de la proposición normativa, pues durante la interpretación gramatical cabe la aplicación de las reglas de la semántica, que tratan de fijar el sentido o los sentidos sentidos que posea cada una de las palabras del texto. De acuerdo con el citado autor, otro elemento a ser considerado es el contexto, pues el intérprete relaciona o vincula el sentido de las palabras al contexto, constituyéndose éste en otro momento de la gramatical, que aquí sería sintáctica. Se concluye, pues, que la interpretación sintáctica no tiene como objetivo la fijación del sentido de una palabra, sino la fijación del sentido de una proposición completa, por medio de la coordinación gramatical que dentro de ella tiene las diferentes palabras y su respectivo valor. De esta forma, el contexto es un término con lo que se alude a la tradicional interpretación sistemática.

La interpretación según el contexto normativo aconseja establecer conexión entre todos los preceptos legislativos que tratan de una determinada cuestión, por presumir que entre ellos existe una coherencia y una interdependencia. En este tipo de análisis y investigación, los antecedentes históricos y legislativos (intersección histórica-evolutiva) también son importantes, cuya invocación tiene por objetivo conocer la problemática para la cual la norma trata de dar una solución o, dicho en otros términos, conocer los criterios directivos para la resolución de las cuestiones a las cuales se debe el surgimiento de la norma. No se trata de una reconstrucción de la voluntad del legislador, sino de un medio para el mejor entendimiento de lo que él ordenó (se llama historia remota y actual de la deidad, plasmada en anteproyectos, proyectos de leyes, etc.).

En el sentido que se trate de las normas, es necesario que el mismo alcance la dimensión del espíritu y la finalidad de las proposiciones y de su referencia empírico-sociológica, es decir, del contexto y del tiempo en que se hayan de aplicar las normas. La acción de tal elemento permite evaluar la serie de factores ideológicos, morales y económicos, que revelan y plasman las necesidades y el espíritu de la comunidad en cada momento histórico. El elemento sociológico obliga a un ajuste de la interpretación de los preceptos, pero no a una a medida o no-propias de los mismos.

El Derecho común se nos presenta como el resultado de una construcción de teorías y modelos jurídicos ligados a una tradición que se corresponde con una visión temporal y espacial, siendo también objetivo de la ciencia jurídica proponer un conjunto de técnicas y procedimientos para la mejor comprensión y solucionar los problemas jurídicos.

Por lo tanto, admitiendo que la interpretación jurídica es una de las actividades centrales del Derecho, se considera que éste (el Derecho) es esencialmente una ciencia hermeneutica, donde el intérprete busca el sentido, alcance y finalidad de los textos legales. En cuanto a la comprensión, la hermeneutica parece haber orientado el pensamiento de una gran parte de los juristas, para quien interpretar sería atribuir un sentido a la norma jurídica, observando la voluntad del legislador original (primitivo) y la realidad o fenómeno vinculado a ella, la actividad interpretativa en la búsqueda del sentido y del significado de las normas jurídicas, por medio de los textos o signos de exteriorización.

Sobre eso haré la siguiente reflexión: interpretar es un proceso donde se vinculan, dentro de un contexto, la razón, la sabiduría y la experiencia al contenido de las proposiciones jurídicas.

Es, sin embargo, común encontrar en las obras de destacados hermeneutas una concepción que explica la interpretación jurídica como un proceso importante por medio del cual el intérprete, con el auxilio de la hermeneutica jurídica, se sitúa en el lugar y nivel del legislador para repetir artificialmente su interpretación, su actividad. Se admiten dos teorías jurídico-interpretativas.

1 La teoría subjetiva (voluntad psicológica del legislador).

2 La teoría objetivista (voluntad normativa de la ley).

Por medio de las teorías se enfrentan dos objetos de proceso de interpretación jurídica: la voluntad del legislador frente al texto legal. A este respecto, se considera lo siguiente.

Es cierto que el creador de la ley, Así como afirman Luis Diez-Picazo y Antonio Gullón (1995: 114-115), desempeña un papel importante, pues su voluntad se convierte en texto legal. Las representaciones mentales, las expectativas y los propósitos del legislador, que no alcanzaron en la ley, carecen de obligatoriedad. Sólo las manifestaciones de la voluntad vertidas en las normas tienen valor y por Eso sólo es válida la voluntad que resulta del texto legal. Así, concluyen los citados autores, la interpretación objetiva constituye el sistema más importante para completar y facilitar el progreso del ordenamiento jurídico. Pero, según creo, una interpretación objetiva de la norma jurídica es capaz de hacer frente a los fenómenos y que el legislador histórico en el conocía y en el había motivo para conocer. De esta vez, el intérprete debe adaptar el ordenamiento jurídico que está en renuevación, pues dentro de él cada nueva disposición irradia una fuerza sobre las anteriores y sobre todo su conjunto.

Sin embargo, el jurista actual parece enfrentar un aparente conflicto teórico que, según Tércio Sampaio (1980, p. 72), aún no ha sido debidamente resuelto, pero que podría ser disipado si consideramos que el acto de la obra tiene por objeto en el texto, pero el sentido que él expresa que ha sido determinado o determinado por otro acto interpretativo -o de la autoridad competente-, que a su vez está condicionado por una serie de factores que pueden alterarlo, restringirlo o aumentarlo. Así, continúa el citado autor, interpretar es comprender otra interpretación (la fijada en la norma), existiendo en el sentido de los actos, uno que da a la norma su sentido y otro que intenta captarlo. Por lo tanto, para que posea jurídicamente "haber jurídico" es precepto que al menos un acto donante de sentido sea fijado.

5.1.3 Sentido metodológico

El Derecho tiene un sentido metodológico por considerar que el saber jurídico, necesariamente sistemático, encuentra en la realidad jurídica (hechos, conceptos, proposiciones, normas, teoría, experiencias, etc.) su objeto.

Se considera, pues, el Derecho como una ciencia por tener un sistema teórico (conceptos, proposiciones, teorías y principios), objeto (realidad a ser estudiada), métodos (teóricos y empíricos) y finalidades (teleología o función). Que nos autoriza a definir el Derecho como un conjunto de teorías y prácticas, como un conjunto de conocimientos ordenados derivado de estudios desarrollados metodológicamente, como objeto una realidad específica, realidad jurídica.

Pues bien, la orientación (sentido) metodológica del Derecho reposa en su carácter científico. A este respecto, afirma Karl Larenz, que se trata de una ciencia orientada principalmente por la ley (o, si se prefiere, por la "proposición jurídica") y no por los casos ya decididos. Afirmándose que el Derecho es la ciencia que se confronta con la solución de las disposiciones jurídicas en el contexto y con base en un ordenamiento jurídico determinado, históricamente constituido. (LARENZ, 1983, p.1)

Las principales críticas hechas al dogmatismo se centran en la idea de que la Dogmática niega la cientificidad del Derecho. En cuanto sentido, el Derecho no puede ser reducido a conceptos, pues su cientificidad no puede ser limitada al Derecho vigente en un determinado país o región. Así, la Ciencia del Derecho no se funda en incertidumbres (especulacciones), no depende "del humor del legislador: lo que hoy es correcto, mañana es irregular; aquí es falso lo que allí es verdadero". Para el Derecho ser considerado ciencia debe tener una base epistemológica, un objeto, uno o varios métodos y objetivos propios e independientes de las fronteras de los poderes de los Estados. (IHERING, 2005, p. 26, 54)

El debate histórico sobre el sentido del Derecho desemboca en su cientificidad. La idea de ser el Derecho una ciencia incluye la posibilidad de considerar sus métodos y su sentido transformador de la realidad, ya la tesis contraria acaba por considerar su sentido únicamente tecnológico o práctico.

Ahora bien, el fundamento zetético del Derecho se apoya en el pensamiento de que el mundo es mutable, Así como toda relación y condicionamiento humano. En ese sentido, los conceptos y la creación creados para describir el mundo también cambian, de ahí a la necesidad de nuevos convencionalismos conceptuales. Por lo tanto, la Zetética jurídica puede ser considerada una unión que privilegia la investigación, esto es, la investigación en el Derecho, con base en la Filosofía, Sociología, Antropología, Historia, Psicología, Ciencia Política, etc.

Los autores como Karl Larenz consideraron que la función de la Ciencia del Derecho, esto, Jurisprudencia (en la concepción europea) sería la de proporcionar un método para la resolución de conflictos jurídicos. En el sentido de que, tal ciencia tendría una función eminentemente práctica o tecnológica, por ser orientadora de la actividad judicial. En el caso de que se trate de enunciados de los cuales se retiran los criterios de giro que orientan a la solución de casos jurídicos: "Quiere Así prestar ayuda al práctico, en particular al juez y al funcionario administrativo, que tenga que encontrar soluciones en bandas concretas que estén en consonancia con el ordenamiento jurídico “. (LARENZ, 1997, p. 326)

Trátase de una ciencia vinculada a la cultura, “que está inseparablemente ligada a las corrientes de ideas y necesidades éticas y económicas”. Por lo tanto, no basta con coexistir los elementos lógicos tradicionales: opte si, en la duda, por el sentido más acorde con las exigencias de la vida en colectividad y el desarrollo cultural de un pueblo; atienda si también a la practicabilidad del Derecho. (MAXIMILIANO, 1996)

En el entendimiento de Hegel (1997, p 39-40),

> La ciencia del Derecho siempre ha sido una parte de la filosofía. Teniendo, por lo tanto, como objeto de construcción, a partir del concepto, la idea, puesto constituirse en razón del objeto, o, qué, el mismo, observar la evolución inmanente propia de la materia. Como parte, la ciencia del Derecho tiene un punto de partida definido, que es el resultado y la verdad de lo que precede y en lo que se denomina la prueba. Así, el concepto del Derecho se encuentra, como su génesis, fuera de la ciencia del Derecho; su deducción es presupuesta y debe ser tomada como dato.

De acuerdo con esa acepción se piensa el Derecho como una forma específica de expresar la realidad. Es una forma de conciencia social (conciencia jurídica), esto es, un conjunto de recursos por medio de los cuales se expresan las relaciones jurídicas de una sociedad. Así, el Derecho sería una figura de la conciencia de un pueblo (sociedad), pues, las ideas y opiniones jurídicas justifican la conciencia humana.

El Derecho es la ciencia que propone un grupo de conceptos y principios unidos a las llamadas relaciones socioeconómicas que sión su objeto de estudio y estudio. El carácter científico es determinado por sus propios métodos y por estar dotado de un sistema de conocimiento mucho relacionado con la práctica social.

La ciencia del Derecho es enriquecida por los resultados de las investigaciones científicas, en las cuales se utilizan métodos y técnicas apropiados para la determinación de la estructura interna de la norma jurídica: hipótesis-dispuesta-sanción. Igualmente es científica el análisis de la sistematización jurídica, esto es, la calidad e integridad del Derecho; en el que se incluyen la determinación de la validez, la correspondencia, las lagunas y otras deficiencias que limitan o impiden la interpretación, la aplicación, la efectividad, la eficiencia y la efectividad del Derecho.

Siguiendo ese criterio, consideramos que el Derecho es de la teoría y de la práctica, pues es parte de la superestructura jurídica que refleja un sistema de relaciones sociales que él controla y regula.

El Derecho es ciencia porque está constituido como un sistema de sistematización que refleja los hechos sociales y las leyes que determinan su social social. En el entendimiento de Hegel (1997, p 39-40), la ciencia del Derecho siempre fue una parte de la filosofía, por lo tanto, como objeto, a partir del concepto, la idea y la evolución inmanente de la materia. Como parte, la ciencia del Derecho tiene un punto definido, que es el resultado y la verdad de lo que precede y que se denomina como la prueba. Así, el concepto del Derecho se encuentra, en cuanto a su génesis, fuera de la ciencia del Derecho; su dedución es presupuesta y debe ser tomada como dato.

Así, como las Ciencias Jurídicas son consideradas aquellas disciplinas que toman como objeto de estudio el fenómeno jurídico en todos sus aspectos y manifestaciones sociales. De esta forma, debido al carácter social del fenómeno que les sirve de objeto, las Ciencias Jurídicas pertenecen al sistema de las ciencias sociales, que son aquellas que se dedican al conocimiento de la sociedad y sus fenómenos.

De acuerdo con esa acepción, para algunos autores, las Ciencias Jurídicas pueden ser clasificadas de la siguiente manera: generales y especiales; las primeras estudia el fenómeno jurídico en su conjunto (Teoría del Derecho, Historia del Derecho, Sociología del Derecho, Ciencia del Derecho Comparado, etc.), sin preocuparse por el análisis de sus ramas particulares, sino tomando el Derecho como un fenómeno universal; (en el que se divide el sistema de Derecho (Derecho Penal, Procesal, Constitucional, Administrativo, Internacional, Laboral, Difuso y Colectivo: Derecho del Consumidor y Derecho Ambiental, etc.). Los otros autores prefieren adoptar la siguiente expresión: a) ciencias históricas que investigan el pasado jurídico, esto es, el desarrollo del Derecho en un tiempo y lugar determinado; b) las ciencias que investigan y resuelven los conceptos tales como: el concepto, naturaleza, función, características del Derecho, el concepto de ley, de teoría, de ramas del Derecho etc. todo lo que constituye la teoría legal, de la que se ocupan las Ciencias Jurídicas Teóricas, que también pueden ser generales y especiales. Otra dimensión es la de Ciencias Jurídicas Aplicadas por medio de la cual se concibe el Derecho, o al menos a una parte de él, ex Criminología, como un conjunto de conocimientos científico-técnicos orientados al estudio y aplicación de la Ciencia del Derecho Penal.

En el caso de que se trate de una "teoría", una ciencia "teórica", que aumenta la discusión sobre el lugar que ocupa la dogmática jurídica.

5.1.4 Sentido crítico

El sentido crítico del Derecho apunta a la posibilidad de cambios y consecuente adaptación de los constructos (figuras jurídicas) a la realidad siempre mutante. Así, sería oportuno considerar una nueva racionalidad que reconcilie el conocimiento con los nuevos problemas y prácticas.

Criticar viene del griego kritikos, equivalente a la habilidad de juzgar, sin convencionalismos, ni verdades. Es como desandar descalzo, sin bases ni referencias empíricas, sino orientadas por la razón. Se trata de un profundo "ejercicio reflexivo" que consiste en cuestionar lo que está normalizado y oficialmente consagrado en el plano del conocimiento, del discurso y del comportamiento. El sentido crítico no es más que la formulación "teórica y práctica" de buscar otra dirección o referencial epistemológico que atienda a las contradicciones estructurales de la modernidad presente. (WOLKMER, 2009)

Si la concepción científica, ya vimos, tiene como propósito el "uso instrumental", o sea, la "manipulación satisfactoria del mundo exterior", primando por una estructura lógico-cognitiva "objetivante", la teoría crítica tiene como finalidad el esclarecimiento y la emancipación; no requieren necesariamente confirmación empírica, sino que sólo se admitir por "sobrevivir a un proceso complicado de evaluación, cuya parte central es una demostración de que ellas son reflexivamente aceptables". (WOLKMER, 2009, p. 11)

Y aquí se sitúa el pensar crítico: las razones del Derecho tienen que ser ampliadas. Él, el Derecho no puede ser visto como un mero instrumento coercitivo. De hecho, la introducción de los elementos éticos dentro del Derecho trajo importantes cambios en el pensamiento jusfilosófico contemporáneo.

La teoría crítica (crítica constructiva o constructivismo crítico) se considera una de las corrientes que objetiva la teorización del Derecho a partir de su perspectiva o propósito. "Trátasis de" contenido existencial de gran significado para el hombre y que no pueden ser resueltas con mera lógica [...] es el saber de la prudencia, de la voluntad dirigida por valores de la Dignidad humana, de la praxis hunanista. (CAFFÉ ALVES, 2004, p. 86-87)

Ciertamente, el constructivismo crítico se asienta en la correlación existente entre la "ciencia" y la "razón". Así, supera el pensamiento sistemático (y estructuralista) del Derecho, aborda las ciencias sin importar con un criterio de verdad.

Pero, más allá del método sistemático (según el rigor lógico de la dedución) se busca un sentido crítico-evaluativo del Derecho puesto en nombre de patrones éticos contenidos en los principios reconocidos por la razón. (WOLKMER, 2009)

En el ámbito del Derecho, trata de sustituir los paradigmas racionales de fundamentación jurídica (jusnaturalismo y positivismo) y contribuir a la toma de conciencia, la discusión teórica y práctica y la actitud de postura en la búsqueda de una visión jurídica más pluralista, democrática y antidogmática. (FERRAZ, 1980, p. 26)

La corriente crítica (crítica jurídica) puede ser considerada una perspectiva que orienta el estudio del Derecho con base en su concepción instrumental. El Derecho, Así, es visto como instrumento de cambio social e independiente de cualquier ideología de grupos y clases.

El pensamiento crítico-jurídico no se reduce a una única y específica "teoría crítica", pues comprende innumerables "concepciones epistemológicas" y una gama amplia de corrientes metodológicas representadas tanto por "críticos dialécticos" y por "antidogmáticos liberales y sísenenicos". Se busca constituir el Derecho como un instrumento estratégico de efectiva alteración de las prácticas reales vigentes, capaz de impulsar la construcción de una organización social más justa y democrática. (Uso Alternativo del Derecho). (WOLKMER, 2009)

Permite un abordaje investigativo con enfoques hunanísticos, característica propia de las ciencias sociales. Se reemplazan, Así, las certezas dogmáticas, en el universo jurídico, por la perspectiva humana (hunanística) y necesaria.

El pensamiento jurídico contemporáneo, de tipo "post-analítico" o "post-positivista", a pesar de no representar una escuela unitaria, se considera una unión "constructivista" que supera el marco de un conocimiento válido y que objetiva un Derecho al servicio de la construcción social activa y de interés colectivo.

El pensamiento crítico supera la mera descrción de la ordenación jurídica positiva (dogmática) y, auxiliándose de las concepciones filosófico-moralista, política, psicológica y sociológica investiga, de forma valorativa, los fundamentos del Derecho.

El discurso jurídico crítico proporciona, en las escuelas de Derecho, un instrumental pedagógico adecuado para que los estudiantes adquirir un modo diferente de actuar, pensar y sentir. Por ejemplo, la idea de que el Derecho sea una orden de la convivencia humana, bajo la exigencia de la justicia, orden que una determinada comunidad jurídica se sabe vinculante a cada momento (LARENZ, 1983) caracteriza una postura crítica y teleológica.

El discurso crítico no tiene ninguna pretensión de completitud, ni puede pretender hablar en nombre de la acción del Derecho ya que, por estar en proceso permanente de elaboración, realiza análisis fragmentados y transformables, propios de un proceso de producción de un nuevo conocimiento.

La teoría crítica pretende construir un saber de verdades aproximadas. Se trata de un modelo teórico: no existe un Derecho dogmático o crítico; lo que existe es un Derecho que puede ser pensado e interpretado desde un punto de vista dogmático o crítico.

Vimos que sólo en la posguerra surgiría una unión de naturaleza post-positivista que se volvería a los recursos propuestos por el jusnaturalismo. Trátase de una tendencia hoy en destaque, que se adentra "en el sólo en el plano doctrinal como también en lo práctico. Basta recordar su influencia en la formación de la Constitución americana y de la Constitución de la Revolución Francesa. (BOBBIO, 1995, p. 42)

Se consideran, pues, post-positivista, toda actitud teórico-crítica que correlaciona el Derecho con los valores. Trátase de las teorías que chocan con las dos tesis más importantes del positivismo conceptual, por ejemplo, la tesis de las fuentes sociales del Derecho y la no necesaria entre el Derecho y la moral. (CALSAMIGLIA, 1998, p. 209)

En el siglo XVIII, en el siglo XVIII, en el siglo XVIII, en el siglo XVIII, en el siglo XVIII, Jürgen Habermas, Ronald Dworkin, Robert Alexy. Examinemos a continuación algunos de los principales argumentos de los autores.

En cuanto a lo que enseña Gustav Radbruch (2010, p. 10-11, 47-48), el Derecho es una obra humana y como tal debe ser comprendido. El Derecho es una manifestación cultural, esto es, un hecho relacionado a un valor. El concepto del Derecho no puede ser determinado de modo diferente: no puede existir un Derecho que no sea justo. El

Derecho puede ser injusto, pero sólo es Derecho por tener el sentido de ser justo. Y así lo define el citado autor:

> El concepto de Derecho es un concepto cultural, es decir, un concepto de una realidad referida a valores, una realidad cuyo sentido es el de estar al servicio de valores. El Derecho es la realidad que tiene el sentido de servir al valor jurídico, a la idea del Derecho. El concepto de Derecho se cumple, por lo tanto, en la idea de Derecho. La idea del Derecho no puede ser otra si no la justicia.

En el sentido de que, como se verá, algunos autores, fundamentalmente, los defensores del idealismo y del moralismo jurídico, al tratar de la esencia del Derecho, le atribuyen un carácter natural (Derecho natural o jusnaturalismo) fundado en un valor ético, apriorístico, universal e independientemente de su confirmación efectiva. Trátase de un Derecho de contenido moral que no está condicionado por la realidad empírico-sociológica. Un Derecho situado en un plano superior (supra-Derecho o sobre-Derecho) y axiológico, desligado de los cambios sociales y de las normas imperhechas creadas por el hombre.

Así, cuando se plantea el problema de los fines del Derecho, no se pregunta sobre las finalidades empíricas que el asunto ha generado, sino sobre la idea de la finalidad supra suprapírica, según la cual el Derecho debe ser medido. (RADBRUCH, 2010, p. 78)

En la visión de Chaïm Perelman (2004, p. 8, 94), la respuesta a la pregunta ¿qué es Derecho? es determinante para que los indígenas precisen la noción de raciocinio jurídico, así como la naturaleza y el estatuto de los conceptos y de las teorías jurídicas. Así, a medida de manera demasiado rígida (el Derecho del hecho) es considerada por el autor uno de los inconvenientes de la teoría pura del Derecho de Kelsen que hace concesiones excesivas al albedrío del juez dentro del ámbito de la ley y que desprecia el papel esencial del tratamiento igual para igualmente similares, y rechaza toda referencia a juicios de valor, como si la justicia y la equidad son nociones ajenas al Derecho.

Y en el sentido de que el ser humano es el fundamento y la meta de todo el Derecho. En este sentido, existiría una especie de contenido mínimo del Derecho determinado por los valores a los que éste está sometido en vista de la concretización del ideal de justicia. Y ese contenido sería definido por ciertos derechos subjetivos que se imponen a la aplicación estatal como derechos no disponibles para la vida y la convivencia social. Se trata de lo que modernamente conocemos como Derechos Humanos y Fundamentales frente a la Dignidad humana.

En el sentido de no desmerecer la dimensión valorativa, Miguel Reale, consideraría que la esencia del Derecho es tridimensional, o sea, como valor que, incidiendo sobre relaciones factuales, se refiere en un conjunto de reglas o normas. En ese sentido, afirma, los elementos que componen el Derecho se relacionan entre sí por medio de una dialéctica de complementariedad, exigiendo una directiva diversa de la investigación, para captar el sentido dominante de cada momento de la juridicidad. El Derecho, según el citado autor es, pues, siempre tridimensional, cualquiera que sea su objeto de indagación, lo que importa en la necesidad de un tridimencionalismo al mismo tiempo específico y dinámico y, Así, también concordaron con él Recasens Siches y otros tantos autores.

En el caso de las mujeres, las diferencias entre las tesis normativas, que siempre corren el riesgo de perder el cuentate con la realidad social y las objetivas que eliminan todos los aspectos normativos, puede servir de advertencia para no privilegiar en el sentido de que, en el caso de las burocracias estatales y los ciudadanos, las diversas perspectivas que abren los distintos papeles sociales (juez, político, legislador, cliente de las burocracias estatales y ciudadanos) las distintas actitudes en lo que se refiere a la pragmática de la investigación (hermeneutica, crítica, analítica, etc.). De ahí que, metodológicamente, las órdenes legales puedan ser analizadas tanto "desde arriba" como "desde abajo"; siendo cierto que una sociología que procede en términos reconstructivos tiene que hacer justicia a ambas perspectivas. El discurso sociológico acerca del Derecho se puede conectar también con el discurso filosófico acerca de la justicia y trascender también a los límites de éste.

Se concluye, después, que si el positivismo jurídico excluyente es inadecuado Desde el punto de vista conceptual el positivismo ético es inadecuado Desde el punto de vista normativo. (MORESO, 2004, p. 45 - 62)

Ronald Dworkin, uno de los principales representantes de la filosofía jurídica y un crítico impetuoso del positivismo del siglo XX, considera que la regla de reconocimiento deja fuera de la interpretación jurídica los principios y los valores, que son elementos importantes del Derecho. Así, los casos difíciles no serían resueltos de manera consistente usando el esquema de reconocimiento de Hart. Dworkin enseña que la interpretación del Derecho que parte del caso concreto, ha de considerar: las pruebas, la Filosofía del Derecho, la moral, el hecho de que si las normas están bien delineadas y cuál es el Derecho que debe aplicarse en cada caso serían los elementos a ser considerados por los aplicadores del Derecho. Dworkin se preocupa, justamente, con la forma en que los casos justifican cada petición judicial. (GONZÁLEZ, 2000, p. 57-66)

Se destaca, Así, la "Teoría del Derecho como Integridad" de Dworkin como una de las principales contribuciones para la práctica jurídica contemporáneas. Dworkin lanza un ataque general contra el positivismo usando la versión de H. L. A. Hart y se preocupa por la superación de la discreción, resaltando la importancia de los principios vigentes en todo ordenamiento.

Ronald Dworkin (2007, p. 42) considera que los principios poseen una dimensión que las reglas no tienen: una dimensión de gran peso o de extrema importancia. En cuanto sentido recoñece que, ciertamente, las reglas sión funcionalmente importantes, pero si dos reglas entran en conflicto, una de ellas no puede ser válida. En el caso de que se produzca un cambio en la calidad de la información, En el sistema jurídico hay que preferir la regla que es sostenida por los principios.

Dworkin (2007, p. 46) identifica los principios jurídicos como tipos particulares de recursos, distintos de las reglas jurídicas. Los principios están presentes en todo el sistema jurídico. Los profesores de Derecho los usan y enseñan, los autores los citan y los historiadores los celebran.

La interpretación jurídica sería concebida como una práctica social caracterizada en tres etapas: a) La pre-interpretativa, momento en que se examinan el objeto de la interpretación. Trátase de una fase descriptiva donde ocurre un evento similar a la preconcepción, o pre-conocimiento, en la concepción hermeneutica; b) La interpretativa, cuando el interprete abraza una teoría (o modelo teórico), que le garantice la mejor manera de abordar el objeto de la interpretación. Se destaca aquí como fundamental la noción de coherencia e integridad; c) La post-interpretativa o reformadora que consiste en la identificación del valor y en los casos difíciles, implica en la práctica de la práctica. En suna la tarea jurídica ha de llevar en cuenta una visión particular de moralidad política, lo que hace que no sea posible separar estos dos aspectos: la moral política y el Derecho en el proceso decisorio. La solución del caso difícil pasa por un proceso de raciocinio por medio del cual se debe considerar el conjunto complejo de principios y directrices políticas que justifiquen el esquema de gobierno vigente. Al determinar los derechos de las partes, "El Juez Hércules" lleva en cuenta, a parir de un concepto de integridad, los valores de la moral política que les ayudan a identificar los derechos, y en el contrario, no se vuelve a esos valores cuando ya se han fijado los derechos. (GONZÁLEZ, 2000, p. 57-66)

Conforme al autor, hay casos difíciles cuando el sistema de principios y normas permite más de una solución. Los principios, parecen actuar de manera más vigorosa en las demandas judiciales difíciles (DWORKIN, 2007, p. 46). Esto es lo que llamamos dilemas jurídicos.

Para una solución correcta del dilema será fundamental la distinción entre principios y reglas. Se nota allí una de las formas de negar el decisionismo o discrecionalidad en la órbita jurisdiccional en el Estado Democrático de Derecho.

Sostenería, pues, que los principios, estión por detrás de todas las reglas, y se dicen vigentes, aunque no hay un nexo directo entre los hechos y la supuesta conclusión jurídica a aquel caso concreto.

Dworkin (2007, p. 78) se preocupa por la legitimidad del Poder Judicial en la acción y afirma que el Derecho no simplemente enuncia lo que los ciudadanos deben o no deben hacer. Además de eso, el Derecho no aconseja a los jueces sobre las decisiones que debes tomar; determina que ellos tienen un deber de reconocerse y hacer vigor ciertos patrones.

En suma, Ronald Dworkin consideraría que el Derecho no es un catálogo de reglas, sino una actitud autorreflexiva en cuanto a lo que queremos ser como comunidad. Y, criticando el positivismo jurídico formalista, sostiene que "necesitamos una teoría social del Derecho". Por lo tanto, considera importante a hacerlo con los parámetros éticos. Por lo tanto, el análisis de los institutos jurídicos debe partir del concepto moral, y en el del concepto legal, cuyo significado el jurista ya comprende.

También Robert Alexy, al construir una definición crítica del Derecho, utiliza recursos de la teoría normativista que tuvo origen en Hans Kelsen y del jusnaturalismo de Gustav Radbruch. Alexy, recurriendo a los principios del Derecho, adopta un esquema interpretativo evitando, de esa forma, el uso restringido de la ley como único recurso para la aplicación del Derecho. Así, afirma Lenio Streck, los principios son considerados como premisas fundamentales para la construcción del Derecho "pasarían a componer el nuevo perfil de la sociedad contemporánea, en respuesta a las insuficiencias jurídico-políticas derivadas de las fases anteriores al Estado y al Derecho". (STRECK, 2007, p. 176)

La tesis de conexión, afirma Robert Alexy, puede considerarse verdadera (se entiende adecuada) si existe por el menos un tipo de conexión necesaria entre Derecho y moral. Muchos tipos de ingredientes necesarios son concebibles. Aquí, vale recordar, la cuestión primaria no es si existen los bordes necesarios entre Derecho y moral. Nuestro tema principal es la naturaleza de los argumentos a favor y contra las tesis de conexión o de separación. Por lo tanto, el autor se concentra en los dos argumentos en favor de la tesis de conexión y contra la tesis de separación, los cuales son muy diferentes en cuanto a sus naturalezas uno en relación con el otro: el argumento a partir de la adecuación y el argumento a partir de la adecuación injusticia extrema. El primer es un caso paradigmático de un argumento conceptual. El segundo, un caso paradigmático de un argumento normativo.

Más allá del positivismo excluyente, el Derecho debe ser pensado sin desmerecer los valores. Incluso en el proceso de creación normativa el jurista ha de considerar como vinculados estos elementos: conflicto (o situación jurídica), valores y normas. A respeto de esta sistemática, enseña Canaris:

> La ordenación sistemática incluye valores en sí. Eso en el valle sólo para la formación del sistema por medio de la Ciencia y la jurisprudencia, pero también para las 'construcciones' del legislador. Haberlo desconocido fue uno de los errores más pesados de Heck y de la jurisprudencia de los intereses en su crítica al sistema; en el sentido de que el juez no está vinculado a las construcciones del legislador, debiendo considerarlas como un modo de redación (!), contradice, en una cuestión importante, el principio de la lealtad a la ley, también asegurado por la jurisprudencia de los intereses. También eso, como era de esperar, condujo, en las tácticas, a la que hablabâ. (CANARIS, 2002, p. 178-180)

En suma, el positivismo inclusivo se inspira en conceptos morales, esto es, que busca aproximar el Derecho de la Moral. En el caso de que se trate de una persona que no sea de su familia, la persona que se encuentre en el país, Es nítida, en la crítica crítica, un lenguaje de aponer el progresista que legitima una aspiración utópica y revolucionaria, con lo que tiene de más profundo la Dignidad humana.

Se concluye, pues, que el Derecho, en un sentido crítico, se funda en la axiología para afirmar los valores son elementos constitutivos de ideales verdaderos. Trátase, Así, de una indagación perteneciente a la metafísica existencial cuya premisa realza la existencia humana que orienta el pasaje del ser al deber ser.

5.1.5 Sentido prescriptivo

El tema de la estructura de las proposiciones jurídicas y más específicamente de la norma jurídica despierta un interesante debate protagonizado por importantes autores que observan la norma jurídica como un juicio hipotético o condicional, en el que se vincula un presupuesto (antecedente) a una determinada disposición (consecuente) o sanción. Toda norma tiene un sentido prescriptivo, pues, por medio de ellas se prescribe una conducta y se estipula la sanción. Toda norma tiene un sentido prescriptivo, pues, por medio de ellas se prescribe una conducta y se estipula la sanción. Así, el contenido de la norma se refiere necesariamente a la responsabilidad de una determinada conducta, esto es, a un acto que se prohíbe o se permite. Decimos, pues que la consecuencia jurídica es un modo de compensación de los daños socialmente causados o una recompensa por la conducta lícita.

En esa crítica debes aceptar la idea de que una norma jurídica, cuando dirigida a una persona, en modo alguno significa otra cosa seno que la conducta que un individuo debe observar, es decir, una conducta humana debida. Por lo tanto, observa Kelsen (1986, p. 12 y 115), no es el ser humano como tal, en la totalidad de su existencia, sino una conducta humana, a la que se refiere la norma. La norma se dirige a una persona cuando fija una determinada conducta de una persona o de un determinado o indeterminado número de seres humanos. El destinatario de norma es sólo una conexión, por ejemplo, con toda certeza, que la conducta estatuida como debida en la norma es una conducta humana, la conducta de una persona, siendo cierto que el individuo puede aparecer tanto como sujeto, como objeto de una conducta humana.

5.1.6 Sentido lógico

El sentido lógico del Derecho es el resultado de considerar que existe una lógica jurídica definida como "la parte de la lógica que examina, desde el punto de vista formal, las operacciones intelectuales del jurista" (KALINOWSKI, *apud*, PERELMAN, 2004, p. 4). Esta cuestión tiene como punto de partida la afirmación de que el Derecho, también, se expresa en teorías o discursos construidos coherentemente y de normas que conforman una orden jurídica (normativa), también regida por un tipo de lógica (la deóntica o deontológica).

¿Existe una lógica jurídica?

Con Perelman constatamos que, en verdad, no existe una lógica jurídica. Conforme el citado autor "es bueno intentar estudiar una lógica jurídica en el sentido propio del término, pues ella no existe". No hay, sigue Perelman, una lógica: la lógica pura y simple (tomada en el sentido teórico o normativo): sólo hay una lógica formal. (PERELMAN, 2004, p.5)

Perelman se niega a identificar la lógica formal con la lógica jurídica, pues eso empuja inevitablemente el intento de reducir los razonamientos habituales de los juristas, como los razonamientos "*a pari*", al contrario, o "*a fortiori*", a estructuras formales, al paso que se trata de algo completamente diferente. Así, citando a la Sra. Lévi concordaría con la idea de que "el raciocinio jurídico tiene una lógica específica. Su estructura se adapta a dar un sentido a la ambigüedad ya constantemente verificar si la sociedad ha llegado a discernir nuevas diferencias o similitudes". Se trata esencialmente de argumentaciones por el ejemplo y por analogía. (PERELMAN, 2004, p. 6-7)

Eso significa que la lógica jurídica es una lógica exclusiva y diferente de cualquier lógica formal y, aún de aquellas desarrolladas en otras áreas del conocimiento humano. La exclusividad de la lógica jurídica depende de la noción que el operador tiene del Derecho. De ahí la necesidad de revisar las diversas posturas asumidas acerca del Derecho, pues, "la lógica jurídica es una lógica material, que nos debe hacer reflexionar sobre lo que cabe hacer - en los límites de lo posible - cuando se quiere llegar a juicios jurídicos verdaderos o, al menos, correctos" (PERELMAN, 2004, p.7).

Así, consideramos que solamente el análisis epistemológico del Derecho nos ayudará a comprender mejor la naturaleza y los fundamentos del raciocinio jurídico. Vamos a ver.

El Derecho, Así, como todas las ciencias humanas constituidas a partir de los siglos XVIII y XIX, adoptó la imitación de las ciencias, asumió la misma administración de las ciencias naturales (físico - matemáticas) en que predomina la neutralidad axiológica como requisito básico de su concepto científico. Se pregaba, pues, por la certeza y / o seguridad de las interpretacciones y el acto, hecho por el cual habría de evitar el relativismo y la subjetividad, alejándose Así la idea de la legalidad del criterio de justicia.

A partir de un modelo, la Teoría del Derecho fue orientada hacia la búsqueda de mayor seguridad y certeza, razón por la cual se subordinan las valoracciones jurídico-normativas, únicamente, a su aspecto lógico-formal.

El Derecho histórico, hasta finales del siglo XIX, confirmaría diversas formas de someter el Derecho a las diferentes metodologías empíricas, derivadas a los moldes de la Sociología, Psicología, Biología, etc., provocándose, Así, una acentuada confusión metodológica. La obra de Hans Kelsen fue consecuencia de tal incongruencia metódica, motivo por el cual el autor quedó estimulado con una propuesta metodológica caracterizada por la pureza del Derecho, una Teoría Pura del Derecho que privilegió la presión prescriptiva, normativa o positivista del Derecho.

En la primera mitad del siglo XX, en la primera mitad del siglo XX, la conocida Teoría Pura del Derecho (1934) de Hans Kelsen, cuyo propósito sería la propuesta del análisis del Derecho con base en una lógica lógica y empírico (sociológica o ontológica). Así, especificaría Kelsen (1998) en el prefacio a la primera edición:

> Hay más de dos décadas que he emprendido una teoría jurídica pura, es, purificada de toda ideología política y de todos los elementos de ciencia natural, una teoría jurídica consciente de su especificidad porque consciente de la legalidad específica de su objeto. Desde el principio fue mi intención elevar la Jurisprudencia, que-abierta o veladamente- se agota casi por completo en raciocinios de política jurídica, a la altura de una genuina ciencia, de una ciencia del espíritu. Es importante explicar, en sus tendencias dirigidas a la formación del Derecho, pero sus tendencias exclusivamente dirigidas al conocimiento del Derecho, y aproximar tanto como sea posible sus resultados del ideal de toda la ciencia: objetividad y exatitud.

El empeño del autor por la pureza metodológica del Derecho se hizo notar en el prefacio a la segunda edición (KELSEN, 1998):

> [...] busco resolver los problemas más importantes de una teoría general del Derecho de acuerdo con los principios de la pureza metodológica del conocimiento científico-jurídico y, al mismo tiempo, precisar, aún mejor de lo que antes había hecho, la posción de la ciencia jurídica en el sistema de las ciencias [...], una ciencia jurídica objetiva que se limita a describir su objeto, en oposción de todos aquellos que, que desprecian los límites entre ciencia y política, prescriben al Derecho, en nombre de aquella, un determinado contenido, es decir, creen poder definir un Derecho justo y, consecuentemente, un criterio de valor para el Derecho positivo. [...] El problema de la justicia, como problema valorativo, se sitúa fuera de una Teoría del Derecho que se limita análisis del Derecho positivo como siendo la realidad jurídica. Sin embargo, tal problema es de importancia decisiva para la política jurídica, [...].

Conforme explica Kelsen (1998, p.1) su Teoría Pura del Derecho es una Teoría del Derecho positivo en General. Es teoría general del Derecho, en el proceso de particulares normas jurídicas, nacionales o internacionales. Así pues, proporciona una teoría de la interpretación. Cuando a sí misma se designa como "pura" Teoría del Derecho, Eso significa que ella se propone garantizar un conocimiento apenas dirigido al Derecho y excluir, de este conocimiento, todo lo que, en la pertenencia a su objeto, todo lo que no se rige rigurosamente como Derecho. Quiero decir que ella pretende liberar la ciencia jurídica de todos los elementos que le sión estraños. Ese es su principio metodológico fundamental.

Kelsen, al intentar ofrecer una rigurosidad metodológica, liberaría la ciencia jurídica de todos los elementos que le sión estraños, retiraría del Derecho su sentido crítico. Resaltando, Así, el sentido lógico, el autor acabaría por quitar del Derecho su ropaje científico y crítico.

Así, por medio de su teoría, Kelsen, por un lado, purifica el Derecho de su relación con las demás ciencias conocidas como "causales": la Sociología y la Psicología y, por otro, quita del Derecho su aspecto ético-valorativo que es propio del ideal de justicia, considerado como a-científico.

Por ese camino, la jurisprudencia (la Ciencia del Derecho) tendría como remanentes de esa purificación su objeto (el orden normativo); siendo así, el Derecho debería ser definido como una ciencia normativa.

Siendo las normas (orden normativa) el objeto del Derecho, prevalecería la lógica como recurso metodológico importante, que auxilia el análisis de las relaciones existentes entre ellas, por ejemplo, la jerarquía y la coherencia. Por lo tanto, se designan las orientaciones de la teoría kelseniana que inciden decisivamente en el pensamiento jurídico post-kelseniano, pero que sufrieron severas críticas por el pensamiento zetético-crítico fundamentalmente por el delitivismo excesivo.

En el caso de Edmund Huserl (2001, p. 16-17), por medio de la cual se observa que "filósofos" (y Juristas) no se deben contentar con las palabras, sino que ha de desear regresar a las mismas cosas. Siendo esas últimas dadas en vivencias, esto es, actos intuitivos, el mundo psíquico se manifiesta como instancia a la que los objetos se los datos de diferentes modos y la conciencia se convierte en instancia constitutiva del mundo objetivo. También forman parte de la lista Carlos Cosio con su la Teoría

Egológica (por medio de la cual el Derecho es conducta humana) y Miguel Reale con la Teoría Tridimensional del Derecho (afirmando que, hecho, valor y norma están dialécticamente relacionados), entre otros.

En verdad, la mayor crítica hecha es contra exclusión ontológica de la Teoría Pura de Hans Kelsen en la que se afirma que la realidad jurídica y sus problemas restringen el orden normativo, reduciendo los problemas jurídicos únicamente a aquellos que son propios de esa.

Resumiendo, el sentido lógico del Derecho sitúa la norma y sus conceptos como la cúpula (premisa fundamental) de la cual partimos para, dedutivamente, aplicar el Derecho. La norma, Así, sería la baliza de cualquier juicio y es el elemento que debe ser privilegiado por el jurista. En este sentido, el problema fundamental del Derecho sería la validez normativa, razón por la que no se permite al jurista investigar más allá de una Lógica que coloca la norma como esquema de interpretación del mundo factual. Por lo tanto, concluye Hans Kelsen (1998, p. 3): el hecho externo que, de conformidad con su significado objetivo, constituye un acto jurídico (lícito o ilícito), procesándose en el espacio y en el tiempo, es, por Eso mismo, un evento sensorialmente perceptible, una parte de la naturaleza, determinada, como tal, por la ley de la causalidad. Simplemente, este acontecimiento como tal, como elemento del sistema de la naturaleza, no constituye objeto de un particular específicamente jurídico -no es, pura y simplemente, algo jurídico. Lo que transforma este hecho en un acto jurídico (lícito o ilícito) no es su facticidad, no es su ser natural, esto es, su ser tal como se determina por la ley de la causalidad y encerrado en el sistema de la naturaleza, pero el sentido el objetivo que está ligado a ese acto, la significación que él posea.

Para Kelsen el sentido jurídico específico, su particular significación jurídica, la recibe en lo que se refiere a una norma que a él se refiere con su contenido, que le presta la significación jurídica, de modo que el acto puede ser interpretado según esta estándar. La norma funciona como esquema de interpretación. En otras palabras: el juicio en que se enuncia que un acto de conducta humana constituye un acto jurídico (o antijurídico) es el resultado de una coincidencia específica, por ejemplo, de una norma normativa. Pero también en la visualización que lo presenta como un acontecimiento natural sólo se expresa una determinada interpretación, a diferencia de la norma normativa: la interpretación causal. Eso quiere decir, en suma, que el contenido de un acontecer fáctico coincide con el contenido de una norma que consideramos válida.

Por lo tanto, el positivismo en estos moldes coloca al Derecho en el plano de una Lógica Jurídica que tiene como punto de partida la norma y como punto de llegada todo lo que puede ser relacionado al Derecho sin excluir su pureza. Trátase de una Lógica Jurídica Formal que se desarrolla bajo la influencia de la llamada Ciencia Dogmática del Derecho.

Pero, los límites de esa lógica (lógica formal) quedan evidentes cuando analizadas la diversidad de proposiciones y sentidos, esto es, de las diferencias marcantes existentes entre las proposiciones descriptivas (Pd), valorativas (Pv) y las prescriptivas (Pp). Para una mejor comprensión se ve, a continuación, los siguientes ejemplos:

a) Pd - "El contrato *x* está constituido por 8 (ocho) cláusulas", [A es B, "juicio de hecho"];

b) Pv - "La cláusula tercera del contrato *x* es abusiva", [A es B (abusiva), "juicio de valor"];

c) Pp - "Son prohibidas, en los contratos, cláusulas abusivas", [Si A, no debe ser B (no abusiva)]; [B no debe ser B (abusiva)] y;

d) Pp -, "Si la cláusula es abusiva, debe ser anulada", [Si B, debe ser D (sanción)].

En este estudio, se distinguen el juicio de hecho (A es B), del juicio de valor (A es B) y de los juicios prescriptivos (A no debe ser B o Si A, no debe ser B) o (Si B, entoces D).

Se hace evidente las diferencias entre enunciados, juicios morales y normas y, por ese motivo, la "lógica formal" ceder espacio a la "lógica de la razón, del sentido común o de la prudencia".

Así, si la lógica tradicional orienta que "lo que no está jurídicamente prohibido es permitido" (lo que no está prohibido es legal), la lógica de la razón nos dice que "ni todo lo que es permitido es correcto" (ni todo lo que es permitido es correcto) es legal es legítimo), pues algunos actos (conductas) pueden ser injustos, incluso aquellos tutelados por leyes.

Decimos entonces que, conforme a la lógica de la razón, del buen sentido o de la prudencia el Derecho no sería únicamente norma (como piensan los positivistas), ni conducta (como creen los sociólites), sino un instrumento de realización (concretización) de una función, y en el sentido de que, en el caso de las mujeres, no se trata de un problema de salud pública.

5.1.7 Sentido humanista

El sentido humanista del Derecho, aspecto mejor abordado en los próximos capítulos de la presente investigación, puede ser definido como una perspectiva jurídica (crítica) que orienta el pensamiento contemporáneo.

Trátase de una orientación que asienta sus raíces en el Derecho Natural y que contribuye para un ideal valorativo traducido, conforme explica Norberto Bóbbio (2004, p. 5, 6), en Derechos históricos que nacieron en el início de la era moderna y se tornaron, posteriormente, en uno de los principales indicadores del progreso histórico, teniendo como razón o causa principal el aumento del poder del hombre sobre el hombre, esto es, el progreso de la capacidade del hombre de dominar la naturaleza y los otros hombres creando nuevas ameazas a la libertad del individuo.

Toda y cualquier concepción humanista del Derecho cree en la posibilidad de alargamientos de los construtos existentes y en la reconstrución de nuevos conceptos para nuevos problemas y Derechos, procurando Así ascender a los aspectos necesarios a la convivencia humana. El sentido humanista acaba por defender los Derechos que son imprescindibles a la susistencia humana, Derechos del hombre que en nuestros tiempos son referencias importantes de las decisiones judiciales.

Trátase, así, de "una via, un método a ser desarrollado por toda a hunanidad em direción a la realización da Dignidad humana, fim de todos los gobiernos y pueblos. Asegurando el respeto a la persona humana, asegurase, por consiguiente, su existencia digna, capaz de propiciarle el desarrollo de su personalidad y de sus potenciales, para que pueda alcanzar el sentido de su propia existencia". (JAYME, 2005, p.1)

Es por ese motivo, una concepción que no resiste a las influencias provenientes de la Sociología, Antropología, Economía, de las Ciencias Políticas y de la Psicología. Pero, por el contrario, de esas áreas del saber humano Así también los aportes que pueden justificar, de forma creativa, una crítica jurídica de tipo funcionalista. Así, como afirma Cappelletti (1998, p. 8) es por medio de la revelación del actual modo de funcionamiento de nuestros sistemas jurídicos que los críticos, oriundos de las otras ciencias sociales, pueden ser nuestros aliados en la actual fase de una larga batalla histórica por uno sistema que deba producir resultados que sean individual y socialmente justos.

Así, como se abordará a continuación, se convierta, primario los Derechos humanos ya consagrados como Derechos fundamentales en la mayoría de las constituciones modernas. Veámos.

5.1.8 Sentido práctico

El sentido práctico el decisorio del Derecho es definido por el conjunto de actividades desarrolladas en el marco de la aplicación del mismo.

En realidad, enseña a Roberto Alexy (2011, p. 37) la Ciencia del Derecho, en la forma como llevada a cabo hoy, es, en primera instancia, una disciplina práctica, porque la pregunta central, en un caso real el hipotético, dice respeto al que debe ser. En la Ciencia del Derecho esa questión es formulada desde una perspectiva que corresponde al trabajo del juez. Que no significa que la Ciencia del Derecho no pueda abarcar otras perspectivas, ni que siempre diga respeto directamente a la solución de casos concretos, pero sólo que la perspectiva del juez es la perspectiva típica de la Ciencia del Derecho y que los enunciados y teorías desarrollados a partir de ella, aun cuando abstractos, se refieren siempre a la fundamentación de juicios concretos de deber-ser. Esos juicios concretos, yo digo, acaban por indicar el sentido práctico del Derecho, esto es, su aplicación.

En esencia, cuando se aplica el Derecho Generalmente se confronta un caso concreto con una determinada norma jurídica. Este procedimiento consiste en someter el contenido prescriptivo de la regla jurídica a un hecho concreto de la realidad, verificándose la seguridad jurídica de las relaciones socioeconómicas y la solución de los conflictos jurídicos.

La norma jurídica ya se considera como un comando, un imperativo, una regla de conducta o un criterio de establecimiento de conflictos, que se refiere a un criterio de establecimiento de conflictos, y en el sentido de que la realidad social se ajusta a ella, en ese sentido, la elección de la norma aplicable es una operación de aproximación del Derecho. Así, el aplicador del Derecho revisa toda una serie de proposiciones jurídicas, excluyendo unas que se ha convertido en una de las más importantes de la historia de la humanidad, y que, por lo tanto, la significación, sino también la situación a la que se aplicará la consecuencia jurídica. Realmente, la concreción final de la norma debe ser aplicada y el consiguiente abandono de otras normas para el mismo fin se deriva del ajuste entre la hipótesis del hecho y el hecho real. Si el contraste entre ambos resulta positivo, se podrá alcanzar la consecuencia jurídica deseada por la norma, lo que obligará a fijar su sentido.

El sentido práctico-decisorio tiene que ver con de los grandes momentos el proceso, por ejemplo, con la aplicación y con la integración del Derecho. Se busca, pues, estudiar la actividad judicial como preponderante y analizar la eficacia del Derecho y sus normas frente a su administración empírica. En ese sentido práctico se hacen evidentes los procesos de argumentación, de aplicación e integración del Derecho. Vamos a ver.

5.1.8.1 La argumentación jurídica

El sentido práctico del Derecho abarca de las actividades los procesos en lo menos importantes: la argumentación y la integración.

La primera, la argumentación, se define como una actividad por medio de la cual, "valiéndose de recursos lógico-formás y de lenguaje, que intenta convencer a otro de que un determinado sentido, en tesis, es la mejor alternativa para la solución de un problema o dificultad". (VOESE, 2008, p. 29)

De hecho, razonar es una actividad que constantemente desarrollamos en la dimensión práctica del Derecho, pues, la falta de un pensamiento unívoco nos obliga a justificar (a convencer) la oportunidad de uniformizar una postura.

El juez, por un lado, cuando argumenta y motiva, revela una postura ante un hecho (acto el comportamiento) y en relación con valores y normas. Las partes, por otra, producen, basándose en diferentes sistemas de referencia, diferentes versiones de los hechos jurídicos, el mar, las interpretacciones que anteceden y sostienen la argumentación. Tales argumentaciones son diferenciadas por cuenta del lenguaje, estilo y modo de argumentar.

Por lo tanto, la argumentación jurídica no se equipara a una mera demostración formal, pues lo que se dice de los hechos es resultado de interpretacciones que, adornadas varias veces por la lengua, son diferenciadas, dando Así el carácter de contradictorio: una ligera fundante de la la práctica jurídica que encuentra como garantía a la promoción de la justicia. En otros términos, los argumentos jurídicos en el son fruto de un cálculo lógico-formal, pero de interpretacciones y de avaliacciones que incluyen, además de los intereses específicos de las partes, también las circunstancias históricas, sociales y culturales del hecho. (VOESE, 2008, p. 15)

Hay, por tanto, diferencias marcantes entre la argumentación jurídica y la argumentación que es propia de las ciencias naturales (y exactas). "La argumentación jurídica, sin embargo, en el trabajo con verdades irrefutables, ya que difiere de la argumentación, en las disciplinas lógicas y matemáticas, sión los axiomas, entendidos como verdades irrefutables, indiscutibles lo que no permite. Lógica formal" (VOESE, 2008, p. 29). Ciertamente:

> La argumentación jurídica no es del mismo nivel de la que se practica en las ciencias matemáticas y naturales o exactas -didas lógicas y formás-: en el Derecho, aunque se toman por modelo procedimientos de la lógica, el hecho de no trabajar con verdades revelables y demostrables, pero con tesis que pueden o en el ser sostenidas, el proceso de argumentación también puede ser llamado de casi lógico. Así, en las ciencias matemáticas y naturales se buscan verdades en el Derecho, verosimilitudes. (VOESE, 2008, p. 32)

Si bien la práctica jurídica consiste fundamentalmente en argumentar, como bien explica Manuel Atienza (2002), en el Derecho, el modelo de la lógica clásica no puede ser adoptado de forma idéntica, pues no existe uniformidad en la comprensión y el uso de textos, conceptos, principios y brocardos que organizan la práctica jurídica.

En la práctica jurídica el argumento se construye, fundamentalmente, pasando por varios niveles: a) factual (descriptivo); b) conceptual (simbólico); c) proposicional (significativo); d) discursivo (argumentativo).

En el nivel discursivo no hay como hablar de verdades o certezas. Por ese motivo, enseña Perelman (1996, p. 471), un argumento no es correcto y coercitivo o incorrecto y sin valor, es relevante o irrelevante, fuerte o débil, de acuerdo con su justificación, en relación con el caso.

Por una falta de unicidad, "una característica que identifica la argumentación jurídica es la presunción de que cada tesi es posible construir una antítida" (VOESE, 2008, p. 32), a cada argumento es posible construir un contraargumento.

Así, la argumentación jurídica debería ser entendida como una especie de intermediación entre el lenguaje y el discurso. De ahí la idea de que:

> Ni la lógica formal o las matemáticas, ni el concepto de interacción comunicativa, pueden, Èsoladamente, dar cuenta de lo que es la argumentación jurídica. De la misma forma, no es por tanto teoría del

> lenguaje que podrá explicarse las cuestiones que se refieren a la especificidad de la práctica. (VOESE, 2008, p. 18)

El jurista no trabaja con verdades. Eso hace que las técnicas de argumentación sean de extrema importancia para el trabajo jurídico. Surge, Así, el siguiente problema: *¿cómo construir buenos argumentos?* Esta es una cuestión que domina y preocupa a quien se dedica a la práctica y merece aquí la reflexión.

Pues bien, la práctica jurídica se desarrolla sobre la base de un raciocinio específico (el razonamiento jurídico). Se entiende, Así, que la argumentación jurídica también obedece a tres condiciones o requisitos de orden lógico, cuya observancia es obligatoria, por ejemplo: la *coherencia*, la *cohesión* y la *congruencia* (VOESE, 2008, p. 36). Veámos:

a) La *coherencia,* dice respeto a la relación de compatibilidad entre un punto de referencia (principio, defindción, jurisprudencia, experiencia, etc.) y el discurso.

b) La *cohesión* se entiende como el conjunto de relaciones que organizan y sostienen los conceptos y las ideas de una argumentación en nosotros tenemos que no construir contradicciones y vacíos semánticos que conducen a la negación unas de las otras o a la falta de conexión entre ellas. La relación, al contrario de la coherencia que se refiere a las en contradicciones con el exterior de una argumentación, significa la "amarra" lógica interna de las partes (proposiciones) de un texto.

c) La *congruencia* depende de la cohabitación y de la coherencia, a su vez, dice respeto a la conducción y al direccionamiento del proceso argumentativo: él debe partir de un determinado espacio significativo y caminar con seguridad y claridad en dirección a otro. El argumentador, cuando da importancia a la congruencia, sigue una línea o un trazado en la búsqueda de una conclusión que debe quedar bien perceptible para no crear dificultades innecesarias y de esta forma el auditorio pueda acompañar el razonamiento.

Así, se presentan las siguientes orientaciones básicas para la argumentación:

- Cuidar del referencial (referencia) externo al discurso (coherencia);

- Observar a cohesión (no contradicción interna) y delo constructos: conceptos y proposiciones que constituyes el discurso;

- Respetar la secuencia lógico-lineal del discurso (congruencia).

Vimos que el Derecho se elabora por medio de controversias y de las oposiciones dialécticas, de las argumentaciones en sentido diverso. En este sentido, al argumento "a simili", fundado en la regla de justicia, se sostienen otros dos argumentos, que se apoyan tanto sobre los precedentes, bien sobre un texto legal, el argumento "*a fortiori*" y el argumento, *a contrario*. El argumento "*a fortiori*" se apoya en la similitud entre el caso sometido al tribunal y un precedente apropiado, pero sobre la "*ratio decidendi*", la razón alegada para dirimir el caso anterior de un modo determinado. Se apoya también en el espíritu de la ley. El argumento "*a fortiori*" pretende que la razón alegada en favor de una conducta o de una regla en un caso determinado se impone con fuerza aún mayor en el caso actual. (PERELMAN, 2004, p.10-11)

En la construcción de argumentos algunas orientaciones pueden ser útiles:

Primera, la argumentación debe tener como precedencia una tesis: una buena razón para argumentar.

Segunda, use la tesis y seleccione un punto de referencia irrefutable que garantice la coherencia del discurso.

Tercero, durante la construcción de argumentos restrinja el discurso al punto de referencia escogido evitando contradiciones. Es importante recordar que el destinatario está interesado en entender el discurso, hecho por el cual debenos evitar caer en contradicciones.

Cuarto, durante la construcción de argumentos cuide de la congruencia. Recuerde que para alcanzar un objetivo (conclusión) se deben usar informacciones convincentes (por ejemplo, estadística, hechos históricos, casos o experiencias, etc.) recursos que puedan venir a fortalecer el argumento.

5.1.8.2 La integración del Derecho

Doctrinadores definen la integración del Derecho como el acto de relacionar (subsumir) un caso concreto a una norma jurídica. Por ejemplo, enseña Carlos Maximiliano (1996, p. 8), la aplicación de la ley no prescinde de la hermeneutica, pues la primera presupone la segunda.

En principio, la integración del derecho presupone:

a) una actividad crítica que permita verificar su autenticidad (validez: constitucionalidad y el examen de la posible ab-rogación o derogación total o parcial);

b) un estudio minucioso, a fin de descubrir su sentido y alcance de la regla;

c) la investigación de la necesidad de suplir lagunas, por medio de la analogía o de la adhesión (alargamientos) de la norma para considerar nuevos casos de acuerdo con la necesidad de extender su significado.

En cuanto a este último aspecto o fase, el aplicador del Derecho decide el caso de acuerdo con la analogía, las costumbres y los principios generales de Derecho, conforme regla de hermeneutica consagrada en el artículo 4 de la Ley de Introdución a las Normas del Derecho Brasileño vigente.

En consecuencia, durante la integración, usamos los recursos de la hermenéutica que orientan la actividad práctica del aplicador: juez, administrador etc. (MAXIMILIANO, 1996: 9). En este punto el juez (aplicador) ya no sólo interpreta una norma, sino que trata de cumplir una tarea análoga a la actividad desempeñada por el legislador, en relación con un caso particular y concreto.

De esta forma, la integración no se limita al significado de una norma, por medio de ella somos capaces de corregir un defecto material normativo. Por eso, el proceso de integración de las normas orienta la complementación de las lagunas normativas. (DIEZ-PICAZO, 1995, p. 121)

Como se puede observar la integración presupone la correlación del precepto de derecho con aquella parte de la realidad jurídica representativa de la vida social. Así, la tarea de aplicar (integrar) el precepto legal consiste básicamente en correlacionar una dimensión abstracta definida como hipótesis normativa a un caso específico y concreto. Para ello, es necesario determinar el sentido y después de su alcance o extensión de la ley. Sería necesario, entonces, comprender la naturaleza de las transformaciones legislativas que ocurren dentro de ciertos sistemas jurídicos o en diferentes períodos históricos, aspecto que estimula el análisis de tipo histórico y sociológico del Derecho.

Así, la integración del derecho nos invita al estudio de la relación entre las normas jurídicas y las condiciones socioeconómicas. La falta de esta correlación (dialecticidad) justifica la adaptación y la ampliación del precepto y su significado a las nuevas realidades existenciales que exigen protección y tutela, así, como son los casos, por ejemplo, de las relaciones homoafectivas, nuevas formas de familia etc. que, modernamente, exigen reconocimiento jurídico.

Así, el procedimiento de integración presupone la autointegración (conforme a la interpretación del artículo 4º de la LINDB) y la heterointegración del sistema jurídico, así, por ejemplo, cuando apelamos a otro sistema procurando la complementación del sentido.

Como bien enseña Limongi Francia (1999: 36-37), habiendo ley expresa, el problema no ofrece mayor dificultad. La dificultad, sin embargo, insurge cuando se trata de asunto previsto en un diploma legal, a respeto de la cual, varias reglas y modelos jurídicos conflictan.

La tarea del interprete y aplicador del derecho consiste en superar los límites impuestos por la dogmática, considerando el derecho como un instrumento al servicio de la *praxis* humanista.

En suma, la *praxis* humanista está en consonancia con el reconocimiento de los valores concretizables y aplicables al contexto social moderno. El juez, ante el litigio, no podrá eximirse de sentenciar o despachar sin antes observar la *praxis* humanista antes mencionada.

CAPÍTULO 6
FUNCIONES DEL DERECHO

En el presente capítulo nos permitimos discutir el Derecho, con base en su enfoque utilitario, respondiendo, así, la seguiente pregunta: *¿cuál es la utilidad del Derecho?*, o mejor, *¿para qué sirve el Derecho?* Este es el objetivo, a ser alcanzado, razón por la cual debemos investigar los propósitos del derecho. Se trata, pues, de un abordaje finalista que nos permite afirmar la importancia de esta primorosa área del conocimiento humano.

6.1 La concepción funcionalista del Derecho

La concepción funcional o funcionalista del Derecho presenta esa área del saber humano a partir de su orientación o aspecto teleológico procurando, así, responder a la pergunta: *¿para qué sirve el Derecho?*

En la evolución histórica del Derecho es posible encontrar varias respuestas diferentes e, inclusive, opuestas. Para algunos, el derecho debe ser considerado un mero instrumento de coerción y fuerza creado para el control social. Para otros, la finalidad del derecho es regular la acción del hombre (la conducta humana) en el contexto en que vive. Esta última afirmación incluye la idea de que la finalidad del derecho sea la justicia que como ideal supremo legitima las normas frente a la convivencia humana: no existe convivencia justa, sin bienestar, sin paz y sin libertades. (TORRÉ, 1999, p. 25-26)

Esa segunda concepción se funda en la idea de que el derecho no tiene como única función el control social, sin embargo, su función es la realización del individuo y la concretización de valores en el contexto social. Por lo tanto, la Ciencia del Derecho (el Derecho) encuentra en sus normas (el derecho) un instrumento de trabajo social, pues se nos presenta, como "conjunto de normas positivas generales para la vida social". (KAUFMANN, 2004, p. 220)

Esta concepción funcional del Derecho es sostenida por importantes juristas. En la obra de Ronald Dworkin (2003, p. 492), por ejemplo, también constatamos la idea de que el derecho no es un catálogo de reglas y principios, cada cual con su propio dominio sobre una diferente esfera de comportamientos. Es, pues, una actitud interpretativa y autorreflexiva, una actitud contestadora que hace a todo ciudadano responsable por imaginar cuáles son los compromisos públicos de su sociedad con los principios, y lo que tantos compromisos exigen en cada nueva circunstancia.

Para el citado autor, la teleología (actitud) del derecho es constructiva, por lo tanto, su finalidad es futurista, colocando los principios por encima de la práctica para mostrar el mejor camino para la sociedad. Trátase, igualmente, de una actitud fraterna, en aras de la convivencia de una sociedad que, a pesar de dividida por proyectos, intereses y convicciones diferentes, tienen un objetivo común expressados en valores universales. Eso es, en pocas palabras, lo que el derecho debería representar para los individuos que componen una comunidad. En este sentido, el derecho no debe ser definido como un ordenamiento coactivo, sino como una de las bases imprescindibles de la evolución social.

Niklas Luhmann (1983, p. 122), concibe el derecho funcionalmente, esto es, el derecho no es, según el autor, un ordenamiento coactivo, sino una de las bases imprescindibles de la evolución social. En ese sentido, la función del derecho reside en su eficiencia selectiva, en la selección de expectativas comportamentales que se generan en todas las tres dimensiones, y esa selección se basa en la compatibilidad entre determinados mecanismos de las generalizacciones temporal, social y práctica. Así, se evidencia cómo el Derecho reacciona a las modificaciones del sistema social a lo largo del desarrollo histórico. Por medio del concepto funcional de Luhmann, el Derecho complementa una necesidad constatada en la sociedad que se constituye sensorialmente en cuanto tal.

Acerca de la distinción entre el abordaje *estructuralista* y *funcionalista* del derecho Norberto Bobbio (2007, p. 53-54) explica que no cabe duda de que en el estudio del derecho en general, en los últimos cincuenta años, el primer abordaje prevaleció sobre el segundo. Se sabe que en su posterior desarrollo a la guinada kelseniana, la Teoría del Derecho haya obedecido mucho más a sugestiones estructuralistas que funcionalistas. En pocas palabras, los que se dedicaron a la Teoría General del Derecho se preocuparon mucho más en saber "cómo se hace el Derecho" que, "para que el Derecho sirve". La consecuencia de eso fue que el análisis estructural fue llevado mucho más a fondo que el análisis funcional.

En efecto, continúa el propio autor, si la primera perspectiva (estructuralista) de la ciencia se ocupa, por ejemplo, del estudio y de la definición de los conceptos y la determinación de las relaciones con otros conceptos, la segunda perspectiva (funcionalista) se preocupa por los objetivos o la finalidad de estos conceptos, transformando tales construcciones en "instrumento útil para alcanzar los más valiosos fines". (BOBBIO, 2007, p. 57)

En el caso de que el derecho no es una simple técnica, Rudolf Von Ihering (1996, p.1) considera que el Derecho no es una simple técnica,

> No es una pura teoría, sino una fuerza viva. Por eso la justicia sostiene nuna de las miones la balanza en que pesa el Derecho, y en la otra la espada de que se sirve para defenderlo. La espada sin la balanza es la fuerza brutal; la balanza sin la espada es la impotencia del Derecho. Una no puede avanzar sin la otra, ni tener orden jurídico perfecto sin que la energía con que la justicia aplica la espada sea igual habilidad con que maneja la balanza. El Derecho es un trabajo incesante, en el sólo de los poderes públicos, pero aún de una nación entera.

Se considera el Derecho como una ciencia que propone un grupo de conceptos y principios vinculados a las relaciones socioeconómicas que son su objeto de estudio. El carácter científico es determinado por sus propios métodos y por estar dotado de un sistema de conocimiento relacionado a la práctica social. La Ciencia del Derecho es nutrida (enriquecida) por los resultados de las investigaciones científicas en las cuales se utilizan métodos y técnicas apropiados para la determinación de la estructura interna de la norma jurídica: hipótesis-dispositivo-sanción.

En esta perspectiva, el Derecho sería una consecuencia de la relación entre teoría y práctica, un área de conocimiento humano que, formando parte de la superestructura de un Estado, país o nación refleja un sistema de valores y relaciones sociales que estudia, tutela, controla y regula. En ese sentido, el Derecho (como ciencia) tendría como función significar, prescribir y regular jurídicamente las relaciones sociales.

Como veremos, a continuación, diversas son las funciones atribuidas al Derecho. En el cuadro de esa teorización funcional autores se dividen, pero coinciden con la idea de que él (el Derecho) existe por alguna razón y está al servicio de cada individuo, de cada grupo y de la sociedad. Por ese motivo, tendría una función prescritiva, educativa e instrumental. Tratamos, así, de superar un antiguo conflicto derivado de la diversa definición del direito (como conjunto de normas) e del Derecho (como ciencia).

6.2 Las funciones del Derecho

La función del Derecho responde a la cuestión de su utilidad. Trataremos, así, de indagar: *¿para qué sirve esta área del saber humano?*

Pues bien, toda y cualquier teoría funcional del Derecho acaba por establecer una correlación directa o indirecta entre el Derecho y la Sociedad. Así, la mayoría de los argumentos encuentran su fundamento en el mundo de los hechos o en el mundo de las ideas, especialmente, en las concepciones políticas. Ciertamente, esas teorías acaban por reservar para el Derecho esas dos realidades: la histórico-sociológica o la intelectual-racional. Nacen, así, diversas conclusiones acerca de las funciones del Derecho: punitiva, prescritiva, educativa e instrumental.

6.2.1 Función punitiva

De acuerdo con su sentido imperativo, el Derecho adquiere una expresión positiva, de acuerdo con: 1) del grado de desarrollo histórico de un pueblo, su carácter nacional particular; 2) la necesidad que el legal tiene de adherir la aplicación de un concepto; 3) las necesarias de decidir sobre una realidad. (HEGEL, 1997, p. 44)

Con base en esa idea, el Derecho tendría una función punitiva o coercitiva que objetiva establecer sanciones suficientes para inhibir las prácticas contrarias a la orden positivada. Así, su función sería conservar el orden por medio de la coerción por él ejercida.

En este sentido, el Derecho contribuye para la distribución de los bienes a sus respectivos titulares, en una determinada comunidad y momento histórico, mediante la atribución de derechos subjetivos. Pero tiene también la función dinámica de posibilitar la perenne renovación deseada, facilitando la circulación de bienes y la recíproca prestación de servicios. (BETTI, 1969, p. 95)

6.2.2 Función prescriptiva

El Derecho ejerce la función prescriptiva, esto es, de "control social", pues, éste es constitutivo de enunciados normativos que regulan la conducta, con la finalidad de ordenar la vida en sociedad e indicar el modo como la propia sociedad debe conducirse. Diferentemente de otras órdenes normativas (por ejemplo, la moral) se establecen sanciones definidas y evidentes.

El Derecho no sólo es un modo de resolver conflictos; también es un sistema (orden) preventiva del comportamiento humano (MIRANDA, 1977: 66-68). Esa función prescriptiva (preventiva) es consecuencia de su expreción normativa, por medio de la cual es conocido como el conjunto de normas positivadas (escritas) y obligatorias que rigen una sociedad. El Derecho sería, así, una orden de la convivencia humana, bajo la exigencia de la justicia, orden que una determinada comunidad jurídica se sabe vinculante en cada momento (CUSTODIO, p. 1989, p. 1).

Resumidamente, el derecho como sistema preventivo debe ser considerado un instrumento al servicio de la sociedad y no del poder de una clase, grupo o partido. Esa función prevalece con el intento de reglamentar por medio de normas: principios y reglas la convivencia social. En este contexto, el Derecho constituye, en su esencia, un instrumento para el control social. Esa es su función facilitadora de la resolución de los conflictos sociales.

6.2.3 Función educativa

El Derecho también tiene una función educativa (educadora) y transformadora, pues, como área del saber humano orienta la conducta, edificando la conciencia, conforme a las nuevas relaciones y necesidades de los grupos, orientada por el poder legislativo y dando respuesta a la dinámica de la vida social.

Se revela, pues, la influencia educativa que deriva del conocimiento de la norma y de la internalización de los principios jurídicos en el proceso de la edificación de la conciencia social: jurídica y moral.

La función educativa procura dar respuesta al siguiente dilema: "educar" o "castigar", este es el conflicto que constantemente enfrenta el jurista contemporáneo, que trasciende en la lectura de este libro y que subraya la necesidad de la concreción de los derechos en aras de la justicia, de la Dignidad, del orden, de la paz y, en fin, de la Ciudadanía.

Obviamente las respuestas al anterior dilema dependen de la investigación del carácter funcional del derecho, investigación que exige la caracterización del "diálogo" entre las ciencias sociales, colocando en uso un conjunto de conceptos fundantes del carácter epistemológico de las ciencias sociales, especialmente, de la Filosofía moral, de la Sociologia, de la Psicologia y de la Educación en el contexto de una convivencia social que, como se sabe, está en crisis.

En este sentido, se discute el significado del funcionalismo jurídico-educativo frente a la edificación de la "conciencia social", que se expresa como un interés común de juristas y educadores en torno al visible aumento de la criminalidad: de la corrupción y de la necesaria violencia social, familiar y social escolar, fenómenos que se revelan como los grandes males de las sociedades contemporáneas.

Se ha discutido mucho acerca de los factores que incitan al aumento de la desobediencia de los jóvenes (niños y adolescentes). Se sabe de un problema que socialmente preocupa y precisa acciones para resolverlo. Se concluye, así, que la función educativa del Derecho podría ser un camino para alcanzar los objetivos sociales.

6.2.4 Función instrumental

El Derecho también posee una función instrumental, valorativa y conservadora de la orden, de la justicia y de la armonización social. Sus reglas y dispositivos proyectan la función futurista, desando no sólo de resolver conflictos sociales, sino también de concretizar valores.

El ordenamiento jurídico, como una clase determinada de orden social, objetiva a la conservación de la paz y es en ese proceso de pacificación social que se protegen los valores socialmente conveciondados, garantizándose, así, la defensa del sistema establecido.

Dentro de la función instrumental también se destaca su finalidad conservadora y organizacional, razón por la cual, como vimos, sus normas consideran y regulan los hechos, actos y relaciones jurídicas.

Es innegable que el Derecho tiene una importante finalidad organizacional del comportamiento humano. Ciertamente, cada tipo de Derecho objetiva proteger determinados valores generales, protección que viene determinada por la necesidad de edificar en la vida social, esos valores reconocimientos y que tienen por base el interés común de asegurar las condiciones de protección y desarrollo de las relaciones sociales, de preservar la vida social, resumida de manera más o menos cristalizada en numerosos tipos de Derecho, donde se reivindica, por ejemplo: la vida, el respeto, la dignidad etc. (CAÑIZAREZ, 1979: 110)

CAPÍTULO 7
CONCEPCIÓN POSTMODERNA DEL DERECHO

En el presente capítulo privilegiamos una concepción post-moderna que más bien se refiere a la orientación post-positivistas o teleológicas, estrechamente ligadas a la hunanización del derecho. El tema nos prepara para una mejor comprensión de la Teoría de los Derechos Humanos y Fundamentales, capítulo con el cual concluimos el presente libro.

7.1 La concepción postmoderna del Derecho

Hasta aquí examinamos que el concepto del Derecho puede admitir significados diversos: él puede ser definido a partir de su concepción sociológica (y fenomenológica), como un conjunto sistemático de enunciados que, en su visión teorética simboliza aquella parte específica de la realidad factual (empírica) o puede, aún, ser designado como una orden normativa, guardando esta última acepción intensa relación como el positivismo y con la dogmática jurídica. Vimos igualmente que también el Derecho puede ser concebido a partir de la noción de justicia, estableciendo así su concepto una intensa relación como su acepción ético-valorativa.

Es interesante notar que, ante esa diversidad conceptual, en la mayoría de los países latinoamericanos, hasta mediados del siglo XX (1950-1960), dominaría la concepción positivista del Derecho, razón por la cual los juristas continuarían adoptando criterios tecnicistas, reduccionistas y dogmático-formalistas, atribuyéndole mayor importancia a la norma y no al caso particular y concreto.

Por ese motivo algunos juristas consideran más importante la coherencia interna de los sistemas conceptual y normativo, para de algún modo, contribuir con la seguridad jurídica", dando la posibilidad de prever la aplicación de normas jurídicas a los casos particulares (MIRANDA, 1977: 42).

Mas recientemente, se observó, sin embargo, una naciente preferencia (inspiración) principiológica que consideraría los principios jurídicos y, en especial, la Dignidad de la persona humana, como la medida (recurso) principal de la interpretación y de la aplicación normativa. Se puede también considerar que fue a partir de esta orientación que el Derecho comenzaría a deliniar una inspiración instrumentalista: un instrumento para la tutela (protección) y concretización de derechos.

De hecho, esa concepción principiológica presente en la práctica jurídica moderna se aparta, cada vez más, del análisis lógico-deductivo heredado del positivismo tecnicista centrado en la norma, contribuyendo, pues, hacia una nueva noción postmoderna de Derecho.

En sus dimensiones actuales, la concepción postmoderna del Derecho, sin equívocos, también reconoce la necesidad de colocar las tres partes importantes de la realidad jurídica: los hechos, los valores y las normas, en una restringida dialéctica, reservando, Así, el Derecho se constituye de tres dominios diferentes e interdependientes, razón por la cual debemos prestar mayor atención (e interés) a la noción de su integralidad. El Derecho, así, es concebido a partir de sus domínios científicos (discursivo), lógico (analítico), axiológico (valorativo) y empírico-sociológico (práctico).

En conformidad con la afirmación anterior, podemos concluir que la realidad jurídica es compleja por estar constituida de dominios inseparables. Es justamente la existencia de esa conexión y dialecticidad la que niega la posibilidad de su fragmentación.

En vista de su integridad el Derecho cumple su tarea práctica combinando esos cuatro dominios y, por ese motivo es una disciplina multidimensional: combinar los dominios es una condición necesaria de la racionalidad jurídica. Para obtener una respuesta favorable acerca de lo que debe ser jurídicamente considerado, es necesario conocer los dominios del Derecho. Este conocimiento es decisivo para el jurista teórico y prático.

En los casos difíciles (dilemas jurídicos), el material normativo que puede obtenerse por medio de la dimensión empírica muchas veces no es suficiente para fundamentar un juicio concreto de deber-ser. Eso nos obliga a adicionarles juicios de valor a la dimensión normativa (ALEXY, 2011, p. 37-38). Por ese motivo, tornase importante la visión sistemática del Derecho lo que, podemos llamar de doctrina sistemática del Derecho: una teoría abierta a nuevas interpretacciones, cuya perspectiva sería afirmar la complejidad y la interrelacion de dominios en esta importante área del saber humano.

En resumen, la doctrina sistemática resulta del esfuerzo de considerar y definir el Derecho priorizando sus dominios componentes de su realidad, evitando, así, el conflicto entre "empirismo" y "racionalismo", entre "iuspositivismo" y "iusnaturalismo", y finalmente entre "dogmática", "zetética" y "crítica". Esperando contribúyese, de hecho, para la superación del antagonismo y la oposición histórica entre las orientaciones "positivistas" (normativistas), realistas (sociológicas), iusnaturalista "suprapositivistas" y "post-positivistas".

7.2 Post-positivismo jurídico

¿Qué es post-positivismo? Es lo que pasaremos a averiguar.

El post-positivismo es un modelo que ataca fundamentalmente la tesis del Derecho puro o socialmente independiente de la filosofía moral, esto es, aquella orientación teórica que niega la conexión existente entre la sociedad (y sus valores) y las normas jurídicas.

Decimos entonces que el post-positivismo no niega la importancia del dominio lógico-normativo del derecho, al reconocerse que sería una utopía pensar en organizar la sociedad sin normas. De hecho, las normas son necesarias para la organización social, sin embargo, también son importante los aspectos externos a ellas que, como visto, se refieren a otros dominios y no sólo a la "norma" y sus relaciones jerárquicas.

Superase, así, la concepción del Derecho como "una orden de la conducta humana" (KELSEN, 2000, p.5), esto es, como una orden normativa vigente y libre de toda connotación sociológica o valorativa: política, ideológica, etc., por ser considerada modernamente inoperante y desatualizada.

Tampoco el carácter relativo y abstracto de un Derecho natural duramente criticado ante la necesidad de un Derecho concreto y puro subsiste como doctrina provechosa y útil. Derecho y Justicia continúan siendo conceptos diferentes, pero inseparables en esta nueva concepción.

Se observa que, si, por un lado, el derecho tiene una naturaleza práctica, por otro, tiene como misión ordenar las relaciones humanas y, por ese motivo, no puede dejar de considerar los valores humanos. Decimos, entonces, que el mérito de la propuesta del post-positivismo es la aproximación y el diálogo necesario entre el Derecho, la Sociologia y la Filosofia moral. En esa perspectiva, el Derecho y, su orden normativa (derecho), serian resultado de ese diálogo establecido entre las ciencias.

Como es de imaginar las investigaciones, la interpretação, la integración y aplicación del derecho son procesos que deben incluir los recursos que son propios de esas ciencias. Por lo tanto, la formación y el trabajo del jurista no serían exclusivamente técnicas, sino permeadas de conceptos y orientaciones culturales, sociológicas, psicológicas, antropológicas, etc. El problema de la justicia, por ejemplo, no sería una cuestión exclusiva del iuspositivismo o del iusnaturalismo.

El concepto de "Derecho" pasa, ahora, a ser considerado distinto del concepto "Ley". Ciertamente, el concepto de "Derecho" abarca el concepto "ley", pero incluye también la noción de ciencia y de práctica jurídicas. El Derecho sería, así, el resultado de la combinación de las teorías con las prácticas jurídicas. La ley seria su instrumento de realización de los derechos y de los valores. Es, pues, el carácter teleológico lo que define el Derecho, cuya eficiencia es posible desde que se consideren otros factores teóricos en relación con la práctica.

En ese sentido, el post-positivismo supera la concepción normativa del Derecho, pues, de hecho, las teorías post-positivistas atacan las dos tesis más importantes propuestas por el positivismo conceptual: la tesis de las fuentes sociales del Derecho y la no necesaria relación entre el Derecho y la moral. (CALSAMIGLIA, 1998: 209)

Como bien enseñan Manuel Atienza y Juan Ruiz Manero[14], el positivismo jurídico, en sus diversas variantes, es incapaz de servir como instrumento para dar cuenta y operar dentro de la nueva realidad del Estado constitucional. Por lo tanto, debido a la pretensión de dar a la Teoría del Derecho un carácter meramente descriptivo, lo que implica la exclusión de la dimensión valorativa de las normas jurídicas, además de su incapacidad para dar cuenta de otros aspectos relevantes del razonamiento jurídico. El carácter prescriptivo de la norma jurídica deja de lado su medida valorativa y obstaculiza la cuestión de una orden jurídica constitucional. Todo eso inhabilita el positivismo para participar en algunos debates centrales actuales. Se concluye, pues, que el positivismo jurídico ha agotado su ciclo histórico, al no recobrar el Derecho como una práctica social compleja.

---

[14] ATIENZA, Manluel; MANERO, Juan Ruiz. Dejemos atrás el Positivismo Jurídico, In: *Doxa – Cuadernos de Filosofía del Derecho*, nº. 27, Alicante, Instituto Miguel de Cervantes, 2009. Edición original a partir de Isonomía: Revista de Teoría y Filosófica del Derecho, núm. 27 (octubre), México: Instituto Tecnológico Autónoma de México, [s.a], p. 7-28. www.cervantesvirtual.com/FichaObra.html?Ref=32301. Acesso: 20 de juño de 2009.

De hecho, el post-positivismo se centra en la crítica al legalismo, tratando de alguna forma de superar el positivismo tecnicista aproximando al discurso jurídico la noción de moralidad.

En suma, parece ser un equívoco seguir definiendo el Derecho únicamente a partir de su campo de acción ontológica, desconsiderando sus aspectos axiológico y teleológico. Es obvio que la razón y la utilidad del Derecho están delineadas por su existencia (concepción estructuralista) y por su finalidad (concepción finalista).

7.2.1 Génesis del póts-positivismo

Se sitúa la Segunda Gran Guerra como el escenario que dió inicio a una nueva revolución filosófica, científica, económica, intelectual y moral. Los motivos y las consecuencias de la guerra exigirían una nueva forma de pensar la convivencia social.

Inúmeras injusticias vivenciadas por la hunanidad en el período de la guerra y de la posguerra hicieron surgir nuevas teorías que indicaban la necesidad de romper con el positivismo. Destacados juristas, tales como, Miguel Reale, Chaïm Perelman, Ronald Dworkin, Gustav Radbruch, Robert Alexy, Arthur Kaufmann y otros sentaron las bases para un Póst-positivismo orientado por una nueva crítica jurídica, esto es, una reflexión desarrollada con base en la conexión del Derecho con los valores humanos permanentes y universales.

Después de 1945, la filosofía y la iusfilosofía comenzaron a preocuparse con una Justicia que no podría estar asentada únicamente en el derecho positivado. Se vió que los valores humanos no podrían ser descuidados, ni ideología, intereses económicos o creencias religiosas podrían poner en crisis la Dignidad humana.

Conocidos episodios vividos por la hunanidad hicieron pensar que el Derecho no podría tener como única razón el control y la represión. Al Derecho debería darse un sentido diferente, un sentido humanista que posibilitaría repensar la orden sobre la base de un ideal de Justicia: un sobre-derecho que se sitúa por encima del poder y de la voluntad de la clase dominante. Se empezó, pues, a pensar en la conexión necesaria entre Moral y Derecho, a partir de un ejercicio axiológico que permite invocar los valores socialmente identificables, durante los procesos de creación, de interpretación, de integración y de aplicación del derecho.

De esta forma, se iniciaron nuevas formas de protección, por ejemple, de los Derechos difusos y colectivos que tendrían esencialmente una dimensión social. En el marco de la aproximación entre Moral y Derecho se hicierno surgir diversos microsistemas y disciplinas jurídicas, como la Bioética, el Bioderecho, Derecho del Consumidor, Derecho Ambiental, Derechos de las Minorías etc., surgirían, así, nuevas y diversas ramificaciones o extensiones de la Ética: Ética pública, Ética administrativa, Ética empresarial etc., todas con intención de defender el orden y la convivencia social, de proteger la Vida contra las agresiones del Poder Público, de los intereses lucrativos de las empresas y de los propios ciudadanos. En esta nueva era el Derecho y la Filosofía Moral serían necesario a la organización social, ahora ispirada en los ideales de los Derechos Humanos y Fundamentales.

Valores y principios fueron usados como banderas en defensa de los derechos: derechos de la mujer, derechos de los jóvenes, derechos de las minorías, de los indios, de los ancianos, Derecho del consumidor etc. Así, la "dignidad de la persona humana" la "equidad" la "Igualdad" etc. harían del hombre un fin único.

En esta nueva era, el positivismo cedería lugar al póst-positivismo, ahora justificado por la necesidad de observar los valores, como recursos para la legitimación de las decisiones. En ese sentido, los valores morales y socioculturales pasarían también a ser parte de la realidad jurídica.

El póst-positivismo, también, surge como una forma de superación histórica del iusnaturalismo y el fracaso político del positivismo, abriendo camino para un conjunto amplio e, igualmente, inacabado de reflexiones acerca del Derecho, su función social y su interpretación. El póst-positivismo, enseña Barroso (2009), es la designación provisional y genérica de un ideario difuso, en el que se incluyen algunas ideas de justicia más allá de la ley y de la igualdad material mínima, derivadas de la teoría crítica, al lado de la teoría de los derechos fundamentales y de la redefinición de las relaciones entre valores, principios y reglas, aspectos de la llamada nueva hermenéutica.

Hoy en día, la mayor dificultad que enfrentan las teorías póst-positivistas centradas en la noción de Moral y de Justicia está en definir lo que estas referencias significan. Ante la dificultad de una significación uniforme y convencionable, se busca por una unificación conceptual que nos lleve de vuelta a la racionalidad inspirada en un dado ideal de Justicia. El Derecho, ahora considerado como un conjunto de actos (actos de voluntad), sería, esencialmente, el producto de una reflexión humanista que objetiva educar y concientizar, en vez de controlar, sancionar y reprimir.

Así, por ejemplo, si con el multiculturalismo se observa un limite al reconocimento de una moral que se diga compartida, la convivencia exige que al menos los valores morales comunes deben ser dimensionados a partir de un criterio de universalidad, constancia y permanencia. De ahí que el derecho deba estar al servicio de los valores considerados universales, en especial, la Vida y la dignidad humana. Eso exige que la lógica deba ceder espacio a la axiología, pues la Justicia procede no de la espada y la balanza, sino de la razón.

Evidentemente, la "Convivencia Social" debe ser vista como la razón del Derecho. De ahí la necesidad de una concepción que coloque la convivencia en primer plano siendo así considerada: un sobrevalor que alberga a los demás valores y principios jurídicos, exigiéndose, así, la presencia de un Derecho inclusivo y no excluyente.

7.3 Derecho inclusivo *versus* Derecho excluyente

Al abordar la función del Derecho explicamos su función instrumental, valorativa y conservadora de la orden, de la justicia y de la armonización social. Esto significa que el Derecho ha de tener una función finalista y teleológica, fundada en la necesidad social (convivencia social).

Surge, así, la idea de un Derecho inclusivo que opera en el contexto de una sociedad en conflicto, donde el Derecho tendrá que contribuir para la propia eficacia social de sus normas.

Conviene, sin embargo, indicar que es por medio de la conciencia jurídica que el ciudadano se somete a una determinada orden jurídica legítima. La conciencia jurídica es una denominación propia del Derecho y para el derecho. No habrá derecho eficaz sin conciencia (respeto y obediencia) (SERRANO, 2015, p. 106).

Se podría, con efecto, afirmar que la conciencia jurídica orienta el respeto, involuntario y desinteresado, al conjunto de reglas externas conocidas. Es un sentimiento que define la acción distinguiendo el bien del mal, sentimiento del deber ante un poder que se sabe legítimo y prescrito por la moral y por el Derecho. Y tal es la finalidad del Derecho, buscar una conciencia común que permita el reconocimiento, el amor y el respeto entre las personas (HABERMAS, 2001).

En este sentido, se discute el significado del funcionalismo jurídico frente a la edificación de la conciencia social, que expresa la preocupación común de juristas, educadores y eticistas en torno al visible aumento de la criminalidad: de la corrupción y de la violencia social: familiar, escolar, fenómenos que se revelan los grandes males de las sociedades contemporáneas.

La formación de la conciencia jurídica no es, de hecho, consecuencia de la mejor o peor aplicación de las normas. Ya hemos visto que la aplicación de las normas jurídicas es una actividad práctica. Una buena práctica del Derecho es aquella que, sin desmerecer la técnica, concibe las normas como un instrumento no necesariamente represivo, concepto fundamental del Derecho inclusivo.

El Derecho inclusivo defiende la tesis de que el mundo jurídico depende de su adecuación a la moralidad. Por lo tanto, la corrección de las demandas judiciales se hace depender del criterio de correción moral. La defensa a un derecho antimoralista (excluyente) encontró sustentación y amparo en las siguientes tesis:

Primera, inexiste una verdad moral, por lo tanto, es imposible medir lo que es moralmente correcto o incorrecto.

Segunda, solamente, por medio de reglas escritas podemos garantizar la seguridad y la certeza, indicando lo que es permitido y prohibido socialmente.

Tercero, los juicios morales son relativos, abstratos e ilusorios, pues por un lado conducen al caos social y por otro a la barbarie.

En verdad, el Derecho contemporáneo enfrenta el problema de la identificación del Derecho frente a la aplicación y el arreglo de conflictos concretos. Generalmente las teorías positivistas excluyentes, sostienen que el Derecho no depende de criterios morales y adoptan a fuentes sociales del Derecho, por medio de la cual se afirma que el contenido y el significado del Derecho dependen del conjunto de hechos y actos sociales.

Se afirma, pues, que el Derecho no es un fenómeno natural, sino humano. Él existe por qué existen conflictos que derivan de las relaciones sociales. Por lo tanto, la existencia del Derecho depende de hechos sociales complejos que, a rigor, constituyen las fuentes sociales del Derecho. En ese sentido, la tesis de que el Derecho no depende de argumentos morales se funda en su sentido prescriptivo, o sea, en una forma única de comprenderlo como separado de la moral. Es la tesis que se opone a la correlación necesaria entre Derecho y Moral. Ambas doctrinas son positivistas, la primera corresponde al positivismo excluyente, y la segunda al positivismo inclusivo.

Evidentemente, las tesis anteriores repercuten de forma positiva o negativa en la aplicación del derecho. Así, para algunos los jueces, en la solución de casos, se debe o no se debe recurrir a los indicadores que definen la moralidad: valores, normas (principios y reglas) morales. Esto, evidentemente, origina el siguiente problema: ¿Debe el juez, al decidir el caso concreto, se aproximar o se apartar de los criterios morales?

Podemos observar que el problema anterior se refeire a la solución de casos. Se trata de un problema que es, generalmente, resuelto con base en las posturas anteriormente explicadas, por ejemplo, el juez en la aplicación del Derecho debe únicamente recurrir a la norma, esto es, a lo que está prescrito o, el juez, independientemente de lo que está prescrito, debe tomar decisiones ignorando la ley y observando los valores. Impera, aquí, la necesidad de adoptar una solución formalista (tecnicista) o racionalista. La primera buscando en la regla (en la letra de la ley) la solución; la segunda, alargar las reglas y los conceptos, invocando recursos de la moralidad, fundamentalmente, valores morales.

De acuerdo con esta tesis, es posible, que la práctica del Derecho dependa de argumentos morales, siempre que la propia norma cuente o tenga implícito el indicador de la moralidad (normas: principios o reglas morales). En cualquier situación, la respuesta del positivismo desemboca en el criterio de validez jurídica. Así pues, debéis decidir conforme a lo prescrito en la norma, y como enseñaría Hart, conforme a los criterios contenidos en la regla de reconocimiento. En ese sentido, la validez normativa termina significando la correspondencia entre normas situadas en diferentes niveles.

Contrariando la tesis del Derecho inclusivo, se considera que los indicadores morales también se hacen presentes en el Derecho. Se trata de un Derecho que, por ejemplo, autoriza a los jueces a buscar recursos extranormativos al aplicar el Derecho. Trátase de una cuestión de discrecionalidad en exceso que preocuparía a algunos juristas y, en especial, abordado en la obra de Ronald Dworkin (2002).

En ese sentido, los jueces tienen poder de discripción para modificar el Derecho de acuerdo con indicadores morales, cuando deciden los casos. Se divide, así, el razonamiento jurídico de dos formas: el razonamiento acerca de la ley (reglas) y el razonamiento de acuerdo con la ley (reglas). Por lo tanto, los jueces deben tomar decisiones moralmente correctas, pues ellos son agentes públicos, agentes morales: ellos toman deciciones que afectan el bienestar social. Así, la relación de oposición entre el Derecho excluyente e inclusivo no se da por un mero juego de palabras: Se trata de una cuestión que define la validez jurídica. Una variación más moderna del Derecho considera que es posible que la propia norma incluya razones morales como criterio de validez jurídica (MORESO, 2004, p. 45-62)

Por lo tanto, cuando la norma jurídica incorpora conceptos o consideraciones morales, el Derecho debe ser pensado conforme a eses conceptos y consideraciones morales. Para ello, los jueces deben aplicar el Derecho conforme a estas consideraciones morales. Cuando el Derecho nos remite a la moralidad los jueces que usan un adequando razonamiento moral para decidir los casos (MORESO, 2004, p. 45-62).

En suma, el Derecho póst-moderno procura realizar los derechos y armonizar los intereses sociales. El Derecho, en esos moldes dependerá de criterios morales ya convencionados socialmente.

CAPÍTULO 8
TEORÍA DE LOS DERECHOS HUMANOS Y FUNDAMENTALES

En este el último capítulo abordaremos la Teoría de los Derechos Humanos y Fundamentales, teoría que se funda en la idea de que, más allá de su tutela, existen derechos (derechos del hombre) que necesitan ser reconocidos y concretizados, por ser derechos inmanentes a la naturaleza humana. Debido a la importancia del tema, además de su significación, abordaremos las características, los fundamentos y las dimensiones de los Derechos humanos.

8.1 Para una defnción de los Derechos Humanos y Fundamentales

Los Derechos Humanos (derechos del hombre) se definen como el conjunto de Derechos imprescindibles a la subsistencia del ser humano.

Podemos decir que los Derechos Humanos tienen como fundamento las subsitencia humana: la vida con dignidad, considerada un valor común a todos los seres humanos. Así, por ejemplo, el derecho a la vida es un derecho humano y fundamental, porque sin ella la persona no tiene existencia. Luego, la preservación de la vida es una necesidad de todas las personas humanas (DALLARI, 1998, p. 7).

En efecto, los derechos del hombre, explica Bobbio (2004, p. 2) son derechos históricos, conquistados como consecuencia de las luchas en defensa de las libertades. Para Alexandre de Moraes (1998, p. 39), los derechos humanos y fundamentales se definen como: un conjunto institucionalizado de Derechos y garantías del ser humano que tiene por finalidad básica el respeto a la Dignidad, por medio de su protección contra el albedrío del poder estatal y el establecimiento de condiciones mínimas de vida para el desarrollo de la personalidad humana.

La definición "derechos humanos" es representativa de un ideal por medio del cual se orienta la justicia y la convivencia pacífica. Los derechos humanos son derechos derivados de la razón humana que es su fundamento y, debido a su importancia importa también su positivación.

8.1.1 Una cuestión de denominación

Variadas son las denominaciones utilizadas para designar los derechos humanos y fundamentales. En principio, todas ellas simbolizan, primero, la necesaria tutela jurídica de los derechos que todo ser humano tiene desde el nacimiento (condiciones mínimas y necesarias para se tornar útil a la humanidad) y, segundo, la posibilidad de participar de los beneficios que la vida en sociedad le proporciona. Ese conjunto de condiciones y de posibilidades asocia las características naturales de los seres humanos, la capacidad natural de cada persona y los medios de que la persona puede valerse como resultado de la organización social. Es a ese conjunto de derechos que se da el nombre de derechos humanos (DALLARI, 1998, p. 7).

Las doctrinas tienden a establecer una distinción terminológica con el objetivo de especificar los derechos humanos y los derechos individuales. Observamos que tal denominación es usada en la Constitución para expresar el conjunto de los derechos fundamentales concernientes a la vida, a la igualdad, a la libertad, a la seguridad ya la propiedad, etc.

Se definen, pués, los derechos fundamentales como: derechos público-subjetivos de las personas (físicas o jurídicas), establecidos en dispositivos constitucionales que, por lo tanto, tienen carácter normativo y supremo dentro del Estado, con la finalidad de limitar el ejercicio del poder estatal frente a la libertad individual. (DIMOULIS, 2011, p. 49)

En cuanto a la distinción terminológica vinculantes de las denominaciones "derechos humanos" y "derechos fundamentales", explica Ingo Wolfgang Sarlet (2007, p. 33-36), se prefiere la denominación "derechos fundamentales", considerando que, tanto en la doctrina, cuanto en el derecho positivo (constitucional e internacional), es ampliamente utilizada conjuntamente con, otras tales como, "derecho del hombre", "derechos subjetivos públicos", "libertades públicas", "derechos individuales", "libertades fundamentales", "derechos humanos y fundamentales", sólo para referir algunas de las más importantes. De esta forma, pese a que ambas denominaciones "derechos humanos" y "derechos fundamentales", comúnmente utilizadas como sinónimas, la explicación ordinaria y, se diga de pasaje, procedente para la distinción en estudio es la denominación "derechos fundamentales" que abarca los derechos del ser humano reconocidos y positivados en la esfera del derecho constitucional positivo de determinado Estado.

Consideramos conveniente afirmar que los derechos fundamentales, en realidad, son derechos humanos positivados a nivel nacional. Concluimos, pues, que la noción de derechos fundamentales, como derechos reconocidos y asegurados por una determinada Constitución se encuentra necesariamente vinculada a lo que se ha designado de doble fundamentalidad formal y material, en particular la circunstancia de que se refiere a los bienes jurídicos que, en la óptica del constituyente, expresa lo implícitamente enunciado, derechos que son dotados de suficiente relevancia y esencialidad (fundamentalidad material) a punto de merecer y necesitar de una protección jurídica y normativa (SARLET, 2010, p. 18).

8.2 Características de los derechos humanos y fundamentales

Los derechos humanos se identifican con la plenitud del derecho a la vida, bajo el aspecto físico y moral; de ahí, la necesidad de consagrar la dignidad de la persona humana como un fin. La idea que tenenos de lose derechos humanos como un conjunto de conquistas de la humanidad debe ser comprendida de forma dinámica, en función del reconocimiento de los valores socialmente edificados y defendidos, así como es el caso de la libertad, la igualdad, la democracia, el bienestar, la felicidad. En este sentido, respetar los derechos humanos significa conferir las condiciones necesarias para que las personas sean capaces de usar sus potenciales con el máximo de libertad posible (JAYME, 2005, p. 2).

Una vez reconocidos los derechos humanos y fundamentales son considerados importantes recursos hermenéuticos durante el proceso de interpretación y reconocimiento de las normas que prescriben los demás derechos previstos en el ordenamiento jurídico. Debido a esta repercusión hermenéutica, a seguir, destacamos sus características: *a) imprescritibilidad*, son derechos que no prescriben por el decurso del tiempo; *b) inalienabilidad*, no se reconoce la posibilidad de transferencia o negociación; *c) irrenunciabilidad*, no pueden ser objeto de renúncia; *d) inviolabilidad*, imposibilidad de desrespeto o agresión; *e) universalidad*, son derechos universales, reconocidos independentemente de la nacionalidad, sexo, raza, religiosidad o convicción político-filosófica; *f) efetividad*, los poderes públicos han de garantizar su efetivación y respeto; *g) interdependencia*, a pesar de la relación existente entre todos los derechos, cada ellos tienen reconocimiento y autonomia propia; *h) complementaridad*, son derechos que no deben ser interpretados desconsiderando los objetivos previstos por la legislación existente.

8.3 Dimensiones de los derechos humanos y fundamentales

En el caso de los derechos humanos y fundamentales, afirma Robert Alexy, es posible formular teorías de las más variadas especies, por ejemplo, teorías históricas, que explican el desarrollo de los derechos fundamentales, teorías filosóficas, que procuran esclarecer los fundamentos, y teorías sociológicas, acerca de la función de los derechos fundamentales en el sistema social (ALEXY, 2011, p. 31).

Evidentemente, tales teorías se formulan con el propósito de indicar las dimensiones, esto es, las bases históricas, bases filosóficas, sociológicas y normativas que constituyen y justifican tales derechos. Con la expresión "dimensiones" de los derechos humanos y fundamentales queremos indicar los factores de carácter "histórico" (fundamentos históricos), "valorativo" (fundamento filosófico) y normativo (fundamento jurídico y principiológico) de esos importantes derechos. Al hablar en dimensiones de los derechos humanos y fundamentales, se colocan en debate los aspectos de carácter epistemológico de los cuales se han ocupado las teorías modernas.

En este sentido, partiendo del presupuesto de que los derechos humanos son apiraciones (derechos deseables), esto es, fines que merecen ser perseguidos (BOBBIO, 2004, p. 15), a continuación, se discutiremos sus nociones epistemológicas.

8.3.1 Dimensión histórica de los derechos humanos y fundamentales

La historicidad de los derechos humanos revela la evolución cronológica de estos importantes derechos.

En este proceso, se afirma que algunos derechos que fueron declarados absolutos al final del siglo XVIII, como la "propiedad", fueron sometidos a radicales limitaciones en las declaraciones contemporáneas; derechos que las declaraciones del siglo XVIII ni siquiera mencionaban, como los serechos sociales, son ahora proclamados con mayor énfasis en las recientes declaraciones. No es difícil predecir que, en el futuro, puedan emerger nuevos derechos, como ya aconteció en el caso del respeto a la vida de los animales (BOBBIO, 2004, p. 18).

Las primeras referencias a los derechos humanos fueron inspiradas por el iusnaturalismo medieval, a partir de la idea del hombre abstracto, fortalecida por el cristianismo. Las doctrinas filosóficas subsiguientes tuvieron enorme relevancia en este proceso y fueron fundamentadas en valores, que ayudarían en la comprensión axiológica y critica del derecho vigente.

8.3.1.1 Teoría de las generaciones de los derechos humanos y fundamentales

Examinemos ahora una importante cuestión, también relacionada a la evolución de los derechos en pauta. Se trata de las llamadas generaciones de los derechos humanos, termino que sólo puede ser usado en el contexto académico al explicar la historicidad, porque, en verdad, la praxis impide la no concepcio integral de estos derechos al pensar y tentar resolver los fenómenos sociales.

En cuanto a ese tema modernamente los diversos estudiosos nos presentan un mapa de derechos humanos y fundamentales, delineado de la siguiente manera: derechos de primera, derechos de segunda y derechos tercera generaciones, cuya división basándose es orientada por un determinado orden histórico y cronológico atribuido a los derechos reconocidos constitucionalmente (MORAES, 1998, p. 44).

Fue en este sentido que las llamadas generaciones (o dimensiones) de los derechos humanos fueron estructuradas de la siguiente manera:

a) derechos de *primera generación o dimensión*, son así considerados los derechos civiles y políticos relativos a la libertad, los derechos de garantias individuales y políticos clásicos (libertades públicas);

b) derechos de *segunda generación o dimensión*, son los derechos económicos, sociales y culturales;

c) derechos de *tercera generación o dimensión*, derechos de titularidad colectiva, atribuídos a las formaciones sociales, y demás derechos actualmente protegidos constitucionalmente, como son los casos de los derechos de solidariedad o fraternidad, por ejemplo, el derecho a un medio ambiente equilibrado, a una saludable calidad de vida, al progreso, a la paz, a la autodeterminación de los pueblos etc.

Los derechos de tercera generación/dimensión, como el caso de aquellos relacionados al derecho ambiental, no podrían haber sido ni siquiera imaginados cuando se pensaron los derechos de segunda generación/dimensión (BOBBIO, 2004: 6). En este sentido, el surgimiento de nuevas exigencias y condiciones materiales, científicas y tecnológicas torna posible el reconocimento de otros derechos, también inseparables, pues, vinculados a los derechos sociales, que fueron llamados de segunda generación, emergieron hoy los llamados derechos de tercera generación, que constituyen una categoría, para decir verdad, aún excesivamente heterogénea y vaga, lo que nos impide comprender de que efectivamente se trata. El más notable de esos derechos es el reivindicado por los movimientos ecológicos: el derecho de vivir en un ambiente no contaminado y aquellos considerados cada vez más traumáticos relacionados a la bioética, que permite la manipulación del patrimonio genético de los seres vivos: personas, plantas y animales (BOBBIO, 2004, p.5).

También, es absolutamente cierto que la humanidad necesita de un desarrollo sustentable en un contexto equilibrado (medio ambiente equilibrado) y este objetivo solamente será concretizado cuando seamos capaces de edificar una conciencia ambiental y consumerista, una conciencia social: jurídica y moral que permita el derecho a la convivencia social, aquí propuesto como uno de los derechos de cuarta generación/generación.

8.3.2 Dimensión valorativa de los derechos humanos y fundamentales

La procura por el fundamento absoluto del Derecho, y de los derechos humanos y fundamentales en particular, acabó privilegiando un excesivo reducionismo valorativo.

El reconocimiento de los derechos humanos, en sus inicios, exigiría un argumento fuerte e irresistible, que nadie podría rechazar. Surgiría, entonces, el problema de encontrar un fundamento absoluto relativo al mundo de las ideas (BOBBIO, 2004, p. 16). Esa idea de la existencia de un fundamento último daría al Derecho un *status* de legitimidad, un carácter universal y necesario que no podría ser cuestionado.

Fue así, que el derecho del hombre fue racionalmente considerado a partir de la idea de la existencia de un "lugar común", del cual parte un derecho superior, innato y pautado por "valores" humanos originarios y universales. Con efecto, la comprensión de esta teoría requeriría:

Primero, aceptar que los valores son conceptos universales que toda sociedad anhela realizar: valores últimos o finales;

Segundo, considerar el valor como un componente necesario e inseparable de la norma jurídica, pues, todo principio o regla de derecho fundamental estará siempre fundado en valores;

Tercero, concebir el valor como un indicador importante en los procesos de creación, interpretación, integración (y aplicación) normativa.

En este sentido, el fundamento valorativo de los derechos humanos, en el ámbito internacional y, también, nacional, se daría a partir de la existencia de una moral universal que pasaría a ser la base y fundamento de las Declaraciones Internacionales y de las Constituciones nacionales. Por ese motivo, el origen de la teoría de los derechos humanos y fundamentales se funda en la idea de la existencia de un derecho común, definido por los valores universales del ser humano, valores constantes (permanentes) y realizables que han de ser observados en su integralidad em cualquier tiempo y lugar, pues "no hay valores que puedan ser apreciados plenamente sin llevarse en cuenta todos los demás, en la experiencia personal y la colectiva" (REALE, 1969, p. 209).

Por consiguiente, *Vida, Dignidad, honestidad, respeto, responsabilidad, justicia, libertad, probidad, tolerancia, lealtad, paz, honra, humildad, generosidad, harmonía social, obediencia* etc. son valores humanos, históricos, universales y permanentes necesarios para la convivencia. Son valores que deben ser edificados socialmente por medio da educación.

El problema de la comprensión de esa constelación de valores surge, sobre todo, en el proceso de interpretación del material normativo empíricamente constatable y ante la necesidad de enfrentar las lagunas jurídicas, según explica Alexy (2011, p. 36). Es posible considerar el problema de complementación de la norma, en la medida en que para la identificación del material normativo es necesaria.

Parece correpto afirmar que las indagaciones acerca de lo que debe ser considerado bueno para una sociedad debem ser las mismas indagaciones por considerar, si deseamos la preservación de la especie humana. Así, por ejemplo, la agresión al medio ambiente no puede ser deseable si defendemos la preservación del planeta.

Veremos, así, que son los valores comunes y convencionados los que conforman la base axiológica, el fundamento del reconocimento de los derechos humanos, en el proceso hermenéutico y el mejor criterio para corregir los desvio de legitimidad y de la legalidad. El valor de la dignidad de la persona humana, por ejemplo, se impone como un núcleo básico e informador de todo el ordenamiento jurídico, como criterio y parámetro de evaluación orienta la interpretación y la comprensión del sistema constitucional (PIOVESAN, 2010, p. 27).

Modernamente, la dignidad de la persona humana es usada como un referencial hermeneutico que orienta la interpretación y la aplicación de la norma jurídica positivada y, por lo tanto, demarca la finalidad y los objetivos del Estado moderno.

En este sentido, afirma Ana Paula de Barcellos (2008, p. 279), la dignidad de la persona humana se convirtió en el principio fundante del ordenamiento jurídico y en la finalidad principal del Estado, con todas las consecuencias hermeneuticas que ese *status* jurídico confiere al principio.

De hecho, la Dignidad de la persona humana se impone como núcleo básico e informador de todo el ordenamiento jurídico, como criterio y parámetro de valoración a orientar la interpretación y comprensión del sistema constitucional. Vemos, pues, un intento de reaproximación de la ética al derecho, por medio de la fuerza normativa de los principios, especialmente del principio de la dignidad humana. En este aspecto, afirma Flávia Piovesan, el principio de la dignidad humana encuentra su propio sentido, siendo un punto de partida y de llegada de la hermeneutica constitucional contemporánea. Se consagra, pues, la dignidad como un verdadero superprincipio que orienta tanto el derecho internacional como el derecho interno (PIOVESAN, 2010, p. 27, 29, 30).

En la principiología constitucional, observa Ana Paula de Barcellos (2008, p. 288, 323), con base en el principio de la dignidad de la persona humana se concibe el mínimo existencial, así, compuesto de cuatro elementos, tres materiales y un instrumental, por ejemplo: la educación fundamental, la salud básica, la asistencia a los desamparados y el acceso a la justicia. Esos cuatro puntos corresponden al núcleo de la dignidad de la persona humana a la que se reconoce eficacia jurídica positiva y *status* de derecho subjetivo exigible ante el poder judicial. Esos cuatro contenidos del mínimo existencial no se corresponden con una elección aleatoria, o exclusivamente normativa. Con efecto, educación y salud forman un primer momento de la dignidad humana, en el cual se procuran asegurar condiciones iniciales tales que el individuo sea capaz de construir, a partir de ellas, su propia dignidad autónoma. La asistencia a los desamparados, a su vez, identifica un conjunto de pretensiones cuyo objetivo es evitar la indignidad en términos absolutos, abarcando particularmente la alimentación y el abrigo. La eficacia positiva o simétrica de las normas constitucionales que cuidan del tema está en el hecho de que es posible exigir judicialmente del Estado al menos las condiciones necesarias, esto es: el Estado debe posibilitar que las personas necesitadas disfruten de estos derechos.

En cuanto a la incidencia de los valores en el proceso de interpretación normativa, afirma Jurgen Habermas (1998, p. 74, 75, 78-79, 94, 100, 269, 308, 328, 329) una norma sólo puede “aprehender” una situación compleja del proceso, en la perspectiva de la relevancia que la norma se encarga de fijar previamente. El estado de cosas constituido por la norma nunca agota el vago contenido semántico de una norma general. Es una descripción evidentemente circular que señala un problema metodológico que toda teoría del derecho tiene que esclarecer. Independientemente de la relación circular existente entre las normas jurídicas y el estado de cosas, las valoraciones jurídicas parecen ser decisivas como variante de interpretación y referencia a los hechos. De acuerdo con el autor, normas y valores se distinguen primero, por la referencia que, respectivamente, hacen la acción “deontológica”, pues, los valores tienen un sentido teleológico.

8.3.3 Dimensión normativa de los derechos humanos y fundamentales

Con base en la distinción terminológica, anteriormente estudiada, podemos resumir que si, por un lado, los derechos humanos constituyen un conjunto de derechos básicos y necesarios al desarrollo del ser humano, por otro, los derechos fundamentales forman (o constituyen) un sistema constitucional determinado por el Estado.

Así, cuando positivados, los derechos humanos encuentran su reconocimiento en diversos documentos. Pero, no faltan los que pretenden difundir que no se puede hablar de derechos universales en una sociedad compleja y multicultural.

Consideramos que inclusive en las sociedades multicultural y compleja existen derechos que son innegables al hombre y, por ese motivo sólo el ser humano puede ser titular de esos derechos que deben ser positivados para efectivar su exigencia y concretización, pues, ciertamente, un derecho sólo existe jurídicamente cuando es positivado, siendo la norma el mejor instrumento para establecer su objetividad, sentido y alcance. Sin la positivación, tendremos, únicamente, una concepción filosófica o una proposición política, que eventualmente podría ser positivada, pasando, así, a ser un derecho fundamental, pero, evidentemente, la no positivación no permitiría ser reivindicado este derecho en el ámbito jurídico (DIMOULIS, 2011, p. 53).

Se reconoce, así, la importancia del presupuesto normativo de los derechos humanos, aquí definido como l conjunto de normas: principios y reglas que organizan su tutela específica en las diferentes legislaciones nacionales. Trátase, pues, del conjunto de dispositivos con los cuales se organizan las legislaciones nacionales.

Considérase, pues, el Derecho Internacional de los Derechos Humanos, obligatorio y universal, por establecer los límites intangibles para los Estados, cuyas normas se sitúan en el tope de la jerarquía normativa, al orientar la interpretación y aplicación de las normas de derechos nacionales.

Es, a partir del reconocimiento de que los Tratados de Derechos Humanos que son concebidos los enunciados de valores, dotados de una fuerza vinculante y efectiva, exortándose a los Estados a asumir el deber de cumplirlos y de hacerlos cumplir dentro de las fronteras de su soberanía. El sistema de protección de los derechos humanos representa los límites y las condiciones dentro de los cuales los Estados pueden actuar sin agredir la dignidad humana (JAYME, 2005, p. 2).

En suma, la positivación de los direitos homanos es una forma de objetivar los derechos derechos humanos, el primer paso para la constitución de los derechos fundamentales.

8.3.3.1 La Norma de Derecho Fundamental

Al explicar los “derechos fundamentales” como derechos humanos positivados, autores modernos hacen referencia necesaria al concepto de “norma”, partiendo, así, de la idea de que la concepción del “derecho”, como figura deóntica, implica también un conjunto de leyes y traslados que tienen un sentido preestable sólo en el lenguaje normativo. Por ese motivo, enseña Bobbio (2004, p. 7), no hay derecho sin obligaciones, y no hay ni derecho ni obligaciones sin una norma de conducta.

También en la obra de Robert Alexy (2011, p. 50) constatamos la idea de que entre el concepto de norma de derecho fundamental y el concepto de derecho fundamental hay estrechas relaciones, pues alguien tiene un derecho fundamental, cuando existe una norma que garantiza ese derecho. Derechos fundamentales y normas de derechos fundamentales son, así, siempre los dos lados de la misma moneda.

De hecho, una “norma” representa aquello que se establece como base o medida para alcanzar una finalidad: prescripción, orientación o corrección de una decisión o conducta. Consideramos, pues, que la norma jurídica sea la medida que usamos para ordenar el comportamiento individual y colectivo en sociedad. La norma jurídica, se distingue de otras normas sociales: morales, de etiqueta, de juego, etc., entre otros aspectos, por su carácter coercitivo y por la presencia de una sanción evidente.

Conocer el sistema normativo, explica Norberto Bobbio (2001, p, 25), significa preguntarse qué acciones fueron, en una determinada sociedad, prohibidas, cuales ordenadas, permitidas; significa, en otras palabras, descubrir la dirección o las direcciones principales que conducen la vida de cada individuo.

La norma como proposición escritas son consideradas las bases objetivas que son adoptadas como figuras jurídicas, por ejemplo, el conjunto de principios y reglas expreso en dispositivos legales. Aprendemos, pues, que los valores y las normas se expresan en principios y reglas.

En el caso específico de los derechos fundamentales, el concepto de norma comparte todos los problemas atribuidos al concepto de norma. Por lo tanto, las normas de derechos fundamentales son normas que veiculan y tutelas esos derechos; construidas en forma de enunciados adoptadas en las Constitución (ALEXY, 2011, p. 51-52, 65).

Así, para conocer los derechos humanos fundamentales debemos estudiar aquelos enuciados donde se objetivan y que adoptan las características propias de la técnica legislativa que prevalece en cada Estado o sistema jurídico. Vemos, pues, que las primeras Declaraciones de Derechos asumieron, inicialmente, la forma de proclamaciones: verdaderos vehículos para la viabilización de esos derechos. Posteriormente, tales derechos pasaron a adoptar la forma de preámbulos, especialmente, de las constituciones nacionales. Actualmente, muchos de ellos se expresan en forma de normas jurídicas.

En la Constitución de la República Federativa del Brasil de 1988, por ejemplo, los derechos y garantías fundamentales, se subdividen en cinco capítulos: *Derechos individuales y colectivos, Derechos sociales, nacionalidad, Derechos y partidos políticos.* En ese sentido y, conforme a la clasificación presentada, se reservan cinco especies al género derechos y garantias fundamentales (MORAES, 1998, p. 43):

a) Derechos individuales y colectivos, que corresponde a los derechos diretamente relacionados al concepto de persona humana y de su propia personalidad, como, por ejemplo: vida, dignidad, honra, libertad, previstos en el art. 5º de la Constitución Federal;

b) Derechos sociales, que son verdaderas libertades positivas, de observancia obligatoria en un Estado Social de Derecho, teniendo por finalidad la mejoría de las condiciones de vida a los hiposuficientes, de cara a la concretización de la igualdad social, que configura uno de los fundamentos de todo Estado Democrático.

c) Derecho a la nacionalidad, conocido como el vínculo jurídico y político que une a un individuo con un determinado Estado, haciendo de este un componente del pueblo.

d) Derechos políticos, como conjunto de reglas que disciplina las formas de expresión de la soberanía popular, conforme lo prescrito en el párrafo único del art. 1º de la CF: "*Todo el poder emana del pueblo, que lo ejerce por medio de representantes elejidos o directamente, en los términos de esta Constitución*".

e) Derechos relacionados a la existencia, organización y participación de los partidos políticos, así como prescrito en la CF, objetivando la preservación del Estado Democrático de Derecho.

Hemos de observar, igualmente, que, por un lado, los derechos sociales abarcan tanto el derecho a las prestaciones positivas como es el caso de los derechos a la educación, al transporte, a la salud, a la vivienda etc. Ya, por otro, negativas, cuando se cuida de su protección, por ejemplo, contra la ingerencias indebidas por parte de los órganos estatales, de entidades sociales y también de particulares. (SARLET, 2010, p. 16)

En suma, para comprender la objetividad jurídica de la norma de derecho fundamental es menester caracterizar su objeto (aspecto que se regula: mateira o asunto), su sentido (su propósito o objetivo) y su alcance (destinatários).

Podemos concluir diciendo que las normas de derecho fundamental tienen como misión coordinar las acciones positivas del Estado en defensa del ser humanos y de todo el material capaz de propiciar su protección imponiendo límites al propio hombre que es su destinatario: defensor y agresor.

Temas como los que, a seguir, relacionamos: Titularidade, Eficacia, Efectos, Pespectivas y Mecanismos de Concretización de los Derechos Fundamentales, pueden ser encontrados en la obra Doctrinas de los Derechos Humanos, libro de nuestra autoría, también publicado por la Editora Jurismestre.

Bibliografia

AFONSO da Silva, José. *Curso de Direito Constitucional Positivo*. 14 ed. São Paulo: Malheiros, 1997.

ALCHOURRÓN, Carlos; BULYGIN, Eugenio. *Sobre la existencia de las normas jurídicas*. México: Distribuciones Fontamara, 1997.

________. *Introducción a la metodología de las ciencias jurídicas y sociales*. Buenos Aires: Astrea, 2002.

ALEXY, Robert. *Teoria dos Direitos Fundamentais*. 2. ed. Trad. Virgílio Afonso da Silva. São Paulo: Malheiro, 2011.

________. *Teoria da Argumentação Jurídica*. Trad. Zilda Hutchinson Schild Silva. São Paulo: Landy, 2001.

________. *Teoria da Argumentação Jurídica: a teoria do discurso racional como teoria da fundamentação jurídica*. Trad. Zilda Hutchinson Schild Silva. 2. ed. São Paulo: Landy, 2005.

________. *A Natureza dos argumentos acerca da natureza do direito*. Tradução Julio Pinheiro Faro Homem de Siqueira e Bruno Costa Teixeira. Disponível em: http://www.panoptica.org/seer/index.php/op/article/view/129. Acesso em 20 de maio de 2014.

ALVES, Alaôr Caffé. *Lógica: pensamento formal e argumentação: elementos para o discurso jurídico*. 4. ed. São Paulo: Quartier Latin, 2005.

ARISTÓTELES. *Os pensadores*. São Paulo: Nova Cultura. 1996.

ARRUDA, Maria Cecília Coutinho de, e outros. *Fundamentos de ética empresarial e econômica*. 2. ed. São Paulo: Atlas, 2003.

ATIENZA, Manuel. *As Razões do Direito: Teorias da Argumentação Jurídica*. Trad. Maria Cristina Guimarães Cupertino. Ver. Sylmara Beletti. São Paulo: Landy, 2002.

________. *Tras la justicia*. Una introducción al Derecho y al razonamiento jurídico. Barcelona: Ariel, 1993.

________. *Introducción al derecho*. 5 ed., Barcelona, España: Barcanova, 1994.

________; MANERO, Juan Ruiz. Dejemos atrás el Positivismo Jurídico, In: *Doxa – Cuadernos de Filosofía del Derecho*, nº. 27, Alicante, Instituto Miguel de Cervantes, 2009.

ÁVILA, Humberto. *Teoria dos Princípios*: da definição à aplicação dos princípios jurídicos. 9. ed. São Paulo: Malheiros, 2009.

BARCELLOS, Ana Paula de. *A eficácia jurídica dos princípios constitucionais*: O princípio da dignidade da pessoa humana. 2. ed. amplamente revista e atualizada. Rio de Janeiro: Renovar, 2008.

BARROSO, Luís Roberto. *A Nova Interpretação Constitucional, Ponderação, Direitos Fundamentais e Relações Privadas*. Rio de Janeiro: Renovar, 2003.

________. *Curso de direito constitucional contemporâneo*: os conceitos fundamentais e a construção do novo modelo. São Paulo: Saraiva, 2009.

________. *Curso de direito constitucional contemporâneo*: os conceitos fundamentais e a construção do novo modelo. 2. ed. São Paulo: Saraiva, 2010.

________. *Legitimidade da recusa de transfusão de sangue por Testemunhas de Jeová*. Dignidade humana, liberdade religiosa e escolhas existenciais. Disponível em: http://www.conjur.com.br/dl/testemunhas-jeova-sangue.pdf. Acesso em 15,06,2015.

BERGEL, Jean-Louis. *Teoria geral do direito*. Tradução de Maria Ermantina Galvão. São Paulo : Martins Fontes, 2001.

BELTRÁN Sanchez, Emilio, Javier Orduña Moreno, e outros. *Curso de Derecho Privado*. Valencia, España, 1995.

BETTI, Emilio. *Teoria geral do negócio jurídico*. Coimbra, tradução de Fernando Miranda, 1969, T.I.

________. *Istituzioni di Diritto Romano*. 2. ed. Pádua, 1947.

BOBBIO, Norberto. *A Era dos direitos*. Tradução de Carlos Nelson Coutinho. Rio de Janeiro: Elsevier, 2004.

________. *Teoría General del Derecho*. Bogotá- Colombia: TEMIS, 1987.

________. *Teoria da Norma Jurídica*. Trad. Fernando Pavan Baptista e Ariani Bueno Sudatti. Bauru, São Paulo: EDIPRO, 2001.

________. *O Positivismo Jurídico:* Lições de filosofia do direito. Trad. E notas Márcio Pugliesi, Edson Bini, Carlos E. Rodrigues. São Paulo: Ícone, 1995.

________. *Da estrutura à Função:* novos estudos de teoria do direito. Trad. Daniela Beccaccia Versiani; ver. Orlando Seixas Bechara, Renata Nagamine. Barueri, SP: Manole, 2007.

________. *Direito e poder*. Trad. Nilson Moulin. São Paulo: Editora UNESP, 2008.

________. *Teoria do ordenamento jurídico*. Trad. Maria Celeste C. J. Santos; rev. téc. Claudio de Cicco; apres. Tércio Sampaio Ferraz Júnior. Brasília: Editora Universidade de Brasília. 1999.

BULYGIN Eugenio. *Notas sobre la Regla de Reconocimiento*. In, Doxa. N 9 - Cuadernos de Filosofia del Derecho. Disponível em: http://www.direitodoestado.com.br/bibliotecavirtual/497/ Acesso: 23,07,2014.

BUNGE, Mario. *Epistemologia*: curso de atualização. 2. ed. Trad. Claudio Navarra. São Paulo: T.A Queiroz, Editor, Editora Universidade de São Paulo, 1980.

CAFFÉ ALVES, Alaôr. As raízes sociais da Filosofia do Direito: uma visão crítica. In, *O que é a filosofia do direito?* Barueri, SP: Manole, 2004.

CALSAMIGLIA, Albert. "Postpositivismo", In: *Doxa – Cuadernos de Filosofía del Derecho*, nº. 21, Alicante, Instituto Miguel de Cervantes, 1998.

CAMPILONGO, Celso Fernandes. *O Direito na Sociedade complexa.* São Paulo: Max Limonad. 2000.

________. *Globalização e Democracia.* In O Direito na Sociedade Complexa. São Paulo: Max Limonad, 2000.

CANARIS, Claus-Wilhelm. *Pensamento sistemático e conceito de sistema na ciência do Direito.* 3. ed. Tradução de A. Menezes Cordeiro. Lisboa: Calouste Gulbenkian, 2002.

CANOTILHO, José Joaquim Gomes. *Estudos sobre Direitos Fundamentais.* São Paulo: Rt,
2008.

CAÑIZAREZ, Fernando Diego. *Teoría del Derecho*. La Habana: Pueblo y Educación, 1979.

CAPPELLETTI, Mauro. *Acesso à Justiça.* Tradução de Ellen Gracie Northfleet. Porto Alegre: Fabris, 1998.

CASEIRO Luciano. *Lide Cautelar. Direito Processual Civil*. São Paulo: Universitária de Direito, 1996.

CAVALIERI FILHO, Sergio. *Programa de direito do consumidor*. 2. ed. São Paulo: Atlas, 2010.

CHARTIER, Anne-Marie. *Ler e escrever: entrando no mundo da escrita*. Trad. Carla Valduga. Porto Alegre: Artes Médicas, 1996.

CRETELLA JÚNIOR, José. *Curso de direito administrativo*. 8. ed. Revista e atualizada. Rio de Janeiro: Forense, 1986.

CUSTÓDIO da Piedade Ubaldino Miranda. *Interpretação e integração dos negócios jurídicos*. São Paulo: Revista dos Tribunais, Brasil, 1989.

DALLARI, Dalmo de Abreu. *Direitos humanos e cidadania.* São Paulo: Moderna, 1998.

DEL VECCHIO, Girogio. *Princípios gerais do direito*. Tradução de Fernando de Bragança, Belo Horizonte, Líder, 2003.

________. *Lições de filosofia do Direito*. Vol. II. 4. ed. Tradução de António José Brandão. Coimbra: Arménio Amado, 1972.

DIEZ-PICAZO, Luis; GULLÓN, Antonio. *Instituciones de Derecho Civil*. Vol. I. Editorial Tecnos, S. A., Madri, 1995.

________. *Experiencias jurídicas y teoría del derecho*. 3. ed. Corregida y puesta al día. España, Barcelona: Ariel, 1999.

________. *Teoría del Derecho*. Barcelona, España, 1973.

DIMOULIS, Dimitri; Martins, Lenardo. *Teoria Geral dos Direitos Fundamentais*. 3. ed. rev. atual e ampl. São Paulo: Rt, 2011.

________; Oto, Écio Ramos. *Teoria do Direito Neoconstitucional*. São Paulo: Método, 2008.

DINIZ, Maria Helena. *Conceito de norma jurídica como problema de essência*. 2. ed. aum. São Paulo: Saraiva, 1996.

________. *Compêndio de Introdução à ciência do Direito*. 11. ed. atualizada. São Paulo: Saraiva, 1999.

________. *Compêndio de introdução à ciência do direito*. 14. ed. São Paulo: Saraiva, 2001.

DUGUIT, Léon. *Fundamentos do direito*. Trad. Márcio Pugliesi. São Paulo: Ícone, 2006.

DURKHEIM, Émile. *Ética e sociologia da moral*. Trad. Paulo Castanheira. 2. Ed. São Paulo: Landy, 2006.

DWORKIN, Ronald. *Levando os direitos a sério*. Tradução de Nelson Boeira, São Paulo, Martins Fontes, 2002.

________. *Levando os direitos a sério*. Trad. Nelson Boeira. 2. Ed. São Paulo: Martins Fontes, 2007.

________. *O império do direito*, tradução de Jefferson Luiz Camargo, São Paulo, Martins Fontes, 2003.

________. *O Império do Direito*. Trad. Jefferson Luiz Camargo. São Paulo: Martins Fonte, 1999.

FACHIN, Luiz Edson. *Estatuto jurídico do patrimônio mínimo*. 2. ed. Rio de Janeiro: Renovar, 2006.

FERRAZ Júnior, Tércio Sampaio. *A ciência do direito*. 2. ed. São Paulo: Atlas, 1980.

________. *Introdução ao estudo do Direito*. 2. ed. São Paulo: Atlas, 1994.

FERREIRÓS, Aquilino Iglesia. *La creación del Derecho. Una história de la formación de un derecho estatal español.* Manual I. Editorial Signo. España, 1992.

FONSECA, Eduardo Giannetti da. *Vícios Privados, Benefícios Públicos?: a ética na riqueza das nações.* São Paulo: Companhia de Letras, 1993.

FRANÇA, Limongi, R. *Hermenêutica Jurídica.* 7. ed. São Paulo: Saraiva, 1999.

GEUSS, Raymond. Teoria Crítica: Habermas e a Escola de Frankfurt. Campinas: Papirus, 1988.

GONZÁLEZ, Antonio José Muñoz. Abogado. *Webmaster* de la *Web Jurídica Iuris Tantum* (España). Revista Telemática de Filosofía del Derecho, nº 3, 1999/2000.

HABERMAS, Jürgen. *Crise do Estado e compreensão procedimentalista do direito.* In *Direito e Democracia.* Rio de Janeiro: Tempo Brasileiro, 1997, Vol. II.

________. *La lógica de las ciencias sociales.*Trad. Manuel Jiménez Redondo. Madri: Tecnos, 1996.

________. *Facticidad y validez.* Madri: Trotta, 1998.

________. *A Constelação Pós-Nacional.* São Paulo: Littera Mundi, 2001.

HARE, R.M. *A linguagem da moral.* Trad. Eduardo Pereira e Ferreira. São Paulo: Martins Fontes, 1996.

HART Herbert L. A. *O Conceito de Direito.* 2. ed. Lisboa: Fundação Calouste Gulbenkian, 1994.

________. *O conceito do direito.* Pós-escrito organizado por Penélope A. Bulloch e Joseph Raz; trad. de Antônio de Oliveira Sette-Câmara; revisão de tradução Marcelo Brandão Cipolla; revisão técnica Luiz Vergílio Dalla-Rosa. São Paulo: WMF Martins Fontes, 2009.

________. *Direito, liberdade, moralidade.* Tradução de Gérson Pereira dos Santos. Porto Alegre: Fabris, 1987.

HEGEL, G. W. F. *Princípios da Filosofia do Direito.* Tradução Norberto de Paula Lima. São Paulo: Ícone, 1997.

HOBBES, Thomas. *Leviatã: ou a matéria, forma e poder de um estado eclesiástico e civil.* São Paulo: Ícone, 2000.

HUSSERL, Edmund. *Meditações cartesianas.* Introdução à Fenomenologia. Trad. Frank de Oliveira. São Paulo: Madras, 2001.

IHERING, Rudolf von. *É o direito uma ciência?* Trad. Hiltomar Martins Oliveira. São Paulo: Rideel, 2005.

_______. *A luta pelo Direito.* 16. ed. Tradução de João Vasconcelos. Rio de Janeiro: Forense, 1996.

JAYME, Fernando G. *Direitos humanos e sua efetivação pela corte interamericana de direitos humanos.* Belo Horizonte: Del Rey, 2005.

KANT, Emmanuel. *Doutrina do direito.* Trad. Edson Bini. São Paulo: Ícone, 1993.

_______. *Fundamentação da Metafísica dos Costumes.* Lisboa: Edições 70, 2000.

_______. *Crítica da Razão Pura.* Trad. J. Rodrigues de Mereje. Rio de Janeiro: Tecnoprint. (s/d), p. 182.

_______. A doutrina do direito. *In: A Metafísica dos Costumes.* Tradução de Edson Bini. Bauru: Edipro, 2003.

KAUFMANN, Arthur. *Filosofia do direito.* Trad. de António Ulisses Cortês, Lisboa, Calouste Gulbenkian, 2004.

_______. A problemática da filosofia do direito ao longo da história. In: A. Kaufmann e W. Hassemer (orgs.), *Introdução à filosofia do direito e à teoria geral do direito contemporâneas*, tradução de Marcos Keel e Manuel Seca de Oliveira, Lisboa, Calouste Gulbenkian, 2002.

KELSEN, Hans. *Teoria Geral das Normas.* Trad. José Florentino Duarte. Porto Alegre: Sérgio Antônio Fabris Editor, 1986.

_______. *Teoria Pura do Direito.* Trad. João Baptista Machado. 4 ed. São Paulo: Martins Fontes, 1995.

_______. *Teoria pura do direito.* Trad. João Baptista Machado. 6. ed. São Paulo: Martins Fontes, 1998.

_______. *Teoria Geral do Direito e do Estado.* Trad. Luis Carlos Borges. São Paulo: Martins Fontes, 1998.

_______. *Teoria Geral do Direito e do Estado.* Tradução de Luis Carlos Borges, São Paulo, Martins Fontes, 2000.

KELSEN – KLUG. *Normas Jurídicas e Análise Lógica. Correspondência 1959-1965.* Trad. Paulo Bonavides. Rio de Janeiro: Forense, 1984.

LAFER, Celso. Filosofia do Direito e Princípios Gerais: considerações sobre a pergunta "O que é a Filosofia do Direito". In, *O que é a filosofia do direito?* Barueri, SP: Manole, 2004.

LARENZ, Karl. *Metodologia da Ciência do Direito*. 2. ed. Trad. de José Lamego. Rev. de Ana de Freitas. Lisboa: Fundação Calouste Gulbenkian. 1983.

LARES ROMERO, Victor Hugo. *El Derecho de Protección a los Consumidores en México*. Universidad Autónoma Metropolitana. Azcapotzalco, México, D.F. 1991.

LEIBNIZ, Gottfried Wilhelm. *Novos Ensaios Sobre o Entendimento Humano*. In Os Pensadores. Trad. Luiz João Baraúna. São Paulo: Nova Cultura, 2000.

LOCKE, John. *Ensaio Acerca do Entendimento Humano*. In os Pensadores. Trad. Anoar Aiex. São Paulo: Nova Cultura, 1999.

LUDWIG. Wittgenstein. *Investigações Filosóficas*. Trad. José Carlos Bruni. São Paulo: Nova Cultura, 1999.

LUHMANN, Niklas. *Sociologia do Direito* I. Trad. de Gustavo Bayer. Rio de Janeiro: Edições Tempo Brasileiro, 1983.

MARMELSTEIN, George. *Curso de Direitos Fundamentais*. 2. ed. São Paulo: Atlas, 2009.

MARTINS, Sergio Pinto. *Direito do Trabalho*. 25. ed. São Paulo: Atlas, 2009.

MAXIMILIANO, Carlos. *Hermenêutica e Aplicação do Direito*. 16. ed. Rio de Janeiro: Forense, 1996.

________. *Hermenêutica e Aplicação do Direito*. 19. ed. Rio de Janeiro: Forense, 2003.

MEIRELLES, Hely Lopes. *Direito Administrativo Brasileiro*. 21. ed. Atualizada por Eurico de Andrade Azevedo, Délcio Balestero Aleixo e José Emmanuel Burle Filho. São Paulo: Malheiros, 1996.

MIRANDA, Pontes de. *Sistema de Ciência Positiva do Direito*. 2. ed. Rio de Janeiro: Borsoi, t. IV, 1972.

MIRANDA ROSA, Felippe Augusto de. *Sociologia do Direito*. O Fenômeno Jurídico como Fato Social. 5. ed. Rio de Janeiro: Zahar Editores, 1977.

MIRANDA, Nilmário. *Moradia e Direitos Sociais*. Disponível em: http://www.dhnet.org.br/direitos/militantes/nilmario/novos/moradia_dh.htm. Acesso em 15 de novembro de 2010.

MORAES, Alexandre de. *Direitos humanos fundamentais:* teoria geral, comentário aos arts. 1º a 5º da Constituição da República Federativa do Brasil, doutrina e jurisprudência. São Paulo: Atlas, 1998.

MORESO, José Juan. DOXA. Cuadernos de Filosofía del Derecho, 27 (2004).

MORESO, José Juan. *El positivismo jurídico y la aplicación del derecho*. In, Doxa. Cuaderno de Filosofia del Derecho, 27 (2004), p. 45 – 62.

NALINI, José Renato. *Ética geral e profissional.* 4. ed. rev. e atual. São Paulo: Rt, 2004.

NINO, Carlos Santiago. *Introducción al análisis del derecho*. 4. ed., Barcelona, Ariel, 1991.

NUNES, Luis Antônio Rizzatto. *Curso de direito do consumidor*. 6. ed. ver. e atual. São Paulo: Saraiva, 2011.

OLIVECRONA, Karl. *Linguagem Jurídica e Realidade*. Trad. Edson Bini – Apresentação: Alaôr Caffé Alves. São Paulo: Quartier Latin, 2005.

PAULA Baptista, Francisco de. *Compêndio de Hermenêutica Jurídica*. São Paulo: Saraiva, 1984.

PEREIRA, Caio Mário da Silva. *Instituições de direito civil.* Rio de Janeiro. Forense, 2005.

PERELMAN, Chaïm. *Ética e Direito.* Tradução Maria Ermantina Galvão. 2. ed. rev. atual. ampl. São Paulo Martins Fontes, 1999.

________. *Ética e direito*. 2. ed., tradução de Maria Ermantina de Almeida Prado Galvão, São Paulo, Martins Fontes, 2005.

________. *Lógica jurídica: nova retórica.* Tradução Vergínia K. Pupi; revisão de tradução Maria Ermantina de Almeida Prado Galvão; revisão técnica Gildo Sá Leitão Rios. 2. ed. São Paulo: Martins Fontes, 2004.

PIOVESAN, Flávia. *Direitos humanos e o direito constitucional internacional.* 8. ed. São Paulo: Saraiva, 2007.

________. *Direitos humanos e o direito constitucional internacional.* 11. ed. São Paulo: Saraiva, 2010.

PIRAGIBE da Fonseca Roberto. *Introdução ao estudo do Direito.* 6. ed. Rio de Janeiro: Freitas Bastos, 1983.

POPPER, Karl Raimund. *Conhecimento objetivo: uma abordagem evolucionária.* Tradução de Milton Amado. Belo Horizonte: Itatiaia, 1999.

________. *Lógica da Pesquisa Científica*. 9. ed., São Paulo: Editora Cultrix., 1993.

QUIROGA Lavié. *Direito constitucional*. 3. ed. Buenos Aires: Depalma, 1993.

RADBRUCH, Gustav. *Filosofia do direito*. Tradução de Marlene Holzhausen. São Paulo: Martins Fontes, 2004.

________. *Filosofia do direito*. Trad. Marlene Holzhausen; Rev. Sérgio Sérvulo da Cunha. 2. ed. São Paulo: WMF Martins Fontes, 2010.

RAZ, Joseph. *El concepto de Sistema Jurídico*. Trad., prólogo y nota de Rolando Tamayo y Salmorán. México: Universidad Nacional Autonoma, 1986.

REALE, Miguel. *Teoria tridimensional do direito*. 5. ed. São Paulo: Saraiva, 2000.

REALE, Miguel. *Filosofia e teoria política*. São Paulo: Saraiva, 2003.

_________. *Lições preliminares de direito*. 15. ed. São Paulo: Saraiva, 1987.

REALE, Miguel. *Filosofia do Direito*. 5. ed. Revista e aumentada. São Paulo: Saraiva 1969.

REALE, Miguel. *Variações sobre a estrutura do Direito*. http://www.miguelreale.com.br/artigos/varestdir.htm. Acesso em 24, 05, 2010.

RICO LARA, Manuel. *La Teoría Egológica del Derecho* (I). España: Sevilla, Boletín núm. 1578.

RICOEUR, Paul. *O Conflito das Interpretações*: ensaios de hermenêutica. Trad. Hilton Japiasso. Rio de Janeiro: Imago, 1978.

________. *Do texto à Ação*. Trad. Maria Jose Sarabando Alcino Cartaxo. Portugal: Rés, [s.d.].

_______. *Teoria da Interpretação*: o discurso e o excesso de significação. Lisboa: Edições 70, 1976.

ROBLES, Gregorio. *O direito como texto: quatro estudos de teoria comunicacional do direito*. Trad de Roberto Barbosa Alves. Barueri, SP: Manole, 2005.

ROMANELLI, Luiz Cláudio. *Direito à moradia à luz da gestão democrática*. 2. ed. Curitiba: Juruá, 2008.

ROQUE, Sebastião José. *Curso de direito empresarial*. 3. ed. rev. e ampl. São Paulo: Ícone, 2006.

ROSS, Alf. *Direito e Justiça*. Trad. Edson Bini. Bauru, S P: EDIPRO, 2000.

RUSSO, Eduardo Angel. *Teoría general del derecho – en la modernidad y en la posmodernidad*. 2. ed. Buenos Aires: Abeledo-Perrot, 2001.

SANDEL, Michael J. *Justiça* – O que é fazer a coisa certa. Trad. de Heloisa Matias e Maria Alice Máximo. 10. Ed. Rio de Janeiro: Civilização Brasileira, 2013.

SEARLE, John R. *Filosofia contemporânea nos Estados Unidos*, in BUNNIN, Nicholas e E.P. Tsui-James (orgs). "Compendio de Filosofia". São Paulo: Loyola, 2002.

SARLET, Ingo Wolfgang. *A eficácia dos direitos fundamentais*. 8. ed. Porto Alegre: Livraria do Advogado, 2007.

________. *Direitos Fundamentais:* orçamento e reserva do possível. 2. ed. rev. e ampl. Porto Alegre: Livraria do Advogado, 2010.

SERRANO, Pablo Jiménez. *Epistemologia do Direito: para uma melhor compreensão da ciência do direito.* Campinas, SP: Alínea, 2007.

________. *Como Estudar Direito: para melhor apreender o saber jurídico*. Campinas, SP: Alínea, 2007.

________. *O direito à educação*: fundamentos, dimensões e perspectivas da educação moderna. [livro eletrônico] / Pablo Jiménez Serrano. Rio de Janeiro: Jurismestre, 2015.

SIQUEIRA ABRÃO, Bernadette (Org.). *História da Filosofia.* São Paulo: Nova Cultural, 1999.

SILVA, José Afonso da. *Curso de direito constitucional positivo*. 23. ed., rev., e atual., São Paulo: Malheiros, 2004.

________. *Aplicabilidade das normas constitucionais.* 6. ed. São Pulo: Malheiros, 2004.

SOUZA, Sérgio Iglesias Nunes de. *Direito à Moradia e de Habitação*. 2. ed. São Paulo: Rt, 2008.

SROUR, Robert Henry. *Ética empresarial*. Rio de Janeiro: Campus, 2000.

STRECK, Lenio Luiz. *Verdade e Consenso. Constituição, Hermenêutica e Teorias Discursivas: da possibilidade à necessidade de respostas corretas em direito*. 2. ed. Rio de Janeiro: Ed. Lúmen Iuris, 2007.

TÁCITO Caio. *Direito Administrativo de Amanhã.* O Estado do Futuro. São Paulo: Pioneira, 1998.

TEMER, Michel. *Elementos de Direito Constitucional*. 23. ed. São Paulo: Malheiros, 2010.

TORRÉ, Abelardo. *Introducción al derecho*. Buenos Aires: Abeledo-Perrot, 1999.

VILANOVA. Lourival. *As Estruturas Lógicas e o Sistema do Direito Positivo*. 2 ed. São Paulo: Max Limonad, 1997.

________. *Sobre o conceito de direito*. Recife: Imprensa Oficial, 1947.

________. *Causalidade e relação no direito*. 4. ed. rev., atual. e ampl. São Paulo: Rt, 2000.

VIEHWEG, Theodor. *Tópica e Jurisprudência: Uma Contribuição à Investigação dos Fundamentos Jurídico-Científicos*. Fabris, 2008.

VOESE, Ingo. *Argumentação jurídica*. 2. ed. Curitiba: Juruá, 2008.

WEBER, Max. *O direito na economia e na sociedade*. Trad. Marsely de Marco Martins Dantas. São Paulo: Ícone, 2011.

WILLIAMS, Bernard. *Moral: uma introdução à ética*. Trad. Remo Mannarino Filho; revisão da tradução Marcelo Brandão Cipolla. São Paulo: Martins Fontes, 2005.

WOLKMER, Antonio Carlos. *Introdução ao pensamento jurídico crítico*. 7. ed. São Paulo: Saraiva, 2009.

Printed in Dunstable, United Kingdom

91343454R00116